给孩子的高效学习法（漫画版）

# 优秀听课习惯

李洪军　编著

CHISO 新疆青少年出版社

·乌鲁木齐·

**图书在版编目（CIP）数据**

优秀听课习惯 / 李洪军编著 . -- 乌鲁木齐：新疆

青少年出版社，2025. 2. --（给孩子的高效学习法：漫

画版）. -- ISBN 978-7-5371-6936-3

Ⅰ . G791-49

中国国家版本馆 CIP 数据核字第 2025JN2657 号

出 版 人：马　俊
策　　划：格润轩
责任编辑：郑　莹
装帧设计：童创未莱

**给孩子的高效学习法（漫画版）**
**优秀听课习惯**
YOUXIU TINGKE XIGUAN

李洪军　编著

**出版发行**：新疆青少年出版社有限公司

**社址**：乌鲁木齐市经济技术开发区（头屯河区）泰山街 608 号　　　**邮编**：830015

**网址**：https://www.qingshao.net　　　**邮箱**：xjqingshao_pd@vip.126.com

**经销**：各地新华书店

**印制**：三河市刚利印务有限公司

**开本**：787mm×1092mm　1/16　　**字数**：110（千字）　　**印张**：10

**版次**：2025 年 2 月第 1 版　　　**印次**：2025 年 4 月第 1 次印刷

**书号**：ISBN 978-7-5371-6936-3　　　**定价**：45.00 元

**电话**：0991-8156943（编辑部）　　　0991-8156920（总编室）

# 目 录 CONTENTS

## 第四章　跟着老师的思路"走"

## 第五章　语文是一门没有围墙的功课

## 第六章　数学课，我喜欢你

## 第七章　噢！英语课开始了

# 目录 CONTENTS

## 第八章　这样的笔记真管用

# 第一章

## 做好课前准备

《孙子兵法》曰："兵马未动，粮草先行。"粮草的补给效率，在很大程度上决定着战争的成败。这就告诉我们，做任何一件事情，必须事先做好准备，才能事半功倍。在学习中也同样如此。只有做好课前准备，课堂上才能做到有备无患，从而提高听课效率。

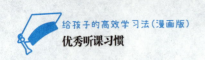
# 01 我是 "课前准备之星"

"丁零零······"

同学们，下课铃响了，想一想，我们应该做些什么呢？

下课铃响了，这是告诉我们：认真听了一节课，赶快休息一下吧！当然，别忘了还要为下一节课做好准备呀！孟君同学就是这样要求自己的，他还是班级里同学们推选的"课前准备之星"，大家都以他为榜样呢。

我的学习故事

你在干什么？　　在找橡皮。

文具要在课前准备好，不然会影响听课。　　好的，我知道了！

榜样的力量是无穷的，同学们每次在课前都会模仿这个"小明星"，久而久之，大家也养成了一个良好的习惯：课前把学习用具摆放得整整齐齐，课本在上面，作业本在下面，叠在一起，铅笔盒放在课桌的正前方，在放铅笔盒前，还检查了铅笔有没有削好，要不要再削一下，最后才静下心来，等老师来上课。

每天上课时，老师看见这样的情景，都觉得同学们的上课积极性非常高，也带着美好的心情开始一天的课程啦。

俗话说："良好的开头是成功的一半。"充足的课前准备则是保证高效率听课的前提。那么，除了像孟君同学一样做好课前的物质准备外，还有哪些课前准备是我们必须要做的呢？

## 1. 知识准备 ★★★

大家一定要在上课前，翻一翻课本，对老师这节课将要讲到的内容，有一些初步的了解，想一想今天要学习的内容和以前学过的哪些知识有联系。

### 课前准备歌

上课铃声响，
赶快进课堂。

书和文具盒，
摆在桌子上。

起立要站直，
坐下不乱晃。

不做小动作，
上课要听讲。

发言先举手，
回答要响亮。

学会守纪律，
做个好学生。

小 / 状 / 元 / 这 / 样 / 学

## 2. 身体准备 ★★★

到了课间，同学们可以一起做做游戏，放松一下大脑，但千万不要玩得太累，以免到了上课的时候感觉太疲惫，没有精神去听课。课间的时候，我们不仅要玩耍，还要记得去厕所，以免到了上课时又要去厕所，而错过了老师讲授的重要知识，那就得不偿失啦。

另外，上课铃响了就是告诉我们：上课啦！赶快进教室！这时候，同学们要立即停止一切活动，依次走进教室，赶快在自己的座位上坐好，看看自己的学习用品有没有准备好，调整好自己的情绪，不再去想课间有趣的活动，让自己马上进入学习状态。

小/状/元/这/样/学

**课前五分钟**

课前五分钟的利用能决定一节课的听课效果。在这短短的五分钟里，你不但要准备好上课要用的东西，也要在思想上做好准备，想想上一课时的内容，预习一下这节课将要学习的内容。这样才会收到良好的学习效果。

## 02 不认识的字，
## 你解决了吗？

这节课要学习《槐香五月》了，王老师为了检查同学们课前有没有做足准备，决定考验一下大家。

"豆豆，今天我们要学习的课文是什么啊？"

豆豆最喜欢回答问题了，站起来张口就说："《鬼香五月》！"

不过，豆豆刚回答完，不仅王老师不出声了，连同学们都惊呆了，睁大了眼睛看着豆豆。

王老师又问："'鬼'字有木字旁吗？"

"嗯……这是一个老鬼，他走起路来要用一根木头来做拐杖。嘿嘿。"

……

最后，王老师很生气地批评了豆豆，说他没有在上新课之前做好准备工作，连生字都没有查一查。

同学们，你经历过豆豆这样的事情吗？上新课之前，不认识的生字你都解决了吗？

在一篇课文中，生字是基础，只有把生字掌握了，我们才能流畅地朗读课文、理解课文，才能在课堂上更好地跟着老师学好课文。因此，生字必须在课前解决，这样才能保证一堂课的高效率。

那么，怎么在课前识记生字呢？

刘文菊老师说，首先自己可以通过查字典，去了解一个字的基本读音和字义，然后发挥我们的想象力，给这个汉字编一编儿歌，或者通过"加一加""减一减"，给生字换一个偏旁等，一字引得万字来，这都是识记汉字的方法。

例如，学习"步"字，通过一句话就可以概括并牢记了，"上面正字少一横，下面少字丢一点"。顺畅的儿歌马上就让我们把"步"这个字给记住了。

再如，学习"破"字，"皮擦到石头就会破"，这样不仅记住了字形，连字义也明白了。

又如，学习"落"字，去掉部首"艹"，就是"洛"；"木"字再加一个

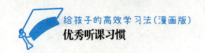

**如何自学生字**

沈重老师建议大家，在预习语文时要边读课文边在书上画出生字。他说，自学生字的好方法是：1. 读拼音识字；2. 按笔顺描红；3. 用生字组词、扩句；4. 想想怎么记生字，准备第二天和同学交流你的发现。

"木"就是"林"。

在预习这些生字的时候，回想相似的生字，这样不仅可以与以前学习过的生字不混淆，也有利于扩大我们的知识面。

另外，同学们也可以将每节课预习的生字，填在这样的表格里：

| 生字 | 拼音 | 偏旁 | 共有几画 | 组词 | 字义 |
|------|------|------|----------|------|------|
| 槐 | huái | 木 | 13 | 槐树 | |
| 峭 | qiào | 山 | 10 | 陡峭 | |
| | | | | | |

有了这样一张表格，无论是在课堂上还是课后，每一节课我们主要掌握了哪些生字就会清清楚楚了，另外，考试复习的时候，也是一个很好的资料库，拿出来翻一翻就一目了然了。

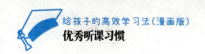
# 03 预习是
# 课堂的前奏曲

常言道："凡事预则立，不预则废。"农民在耕地前要"备耕"，工人在生产前要"备料"，这都是"预"。同样，同学们在上课之前也要准备准备，这"准备"就是指"预习"。

这时候肯定就有同学说了："预习不就是读一遍课文吗？反正老师上课也要讲，那么，什么时候读都一样吧。既然老师让预习，那就读一遍好了。"

如果你这样想，就大错特错了。预习课文可不只是读一遍课文那么简单！

预习课文是一个独立学习的过程，"读"只是预习的一个方面，与此同时，还要加入你的思考，只有经过认真的思考，才能找出有价值的问题，这样，预习的效果才会好。

例如，我们在预习《植物妈妈有办法》一课时，朗读几遍后，可以找出这样的问题：孩子长大了要去旅行，蒲公英妈妈给孩子准备了什么？苍耳妈妈给孩子准备了什么？最后将自己思考的这些问题用一个简洁的表格列出来，看起来就会一目了然。

| 植物妈妈 | 给孩子准备了什么 |
|---|---|
| 蒲公英 | |
| 苍耳 | |
| 豌豆 | |

说到运用表格的预习方法，邱晓琦同学说，她预习的方法也是通过列表格，不过她列的表格有点不一样。例如，预习《风娃娃》一课，邱晓琦同学的表格是这样的：

风娃娃先来到田野，使劲地向风车吹气，帮助人们＿＿＿＿＿＿＿＿＿＿；他又来到河边，使劲地向船吹气，帮助人们＿＿＿＿＿＿＿，所以人们都＿＿＿＿＿他。后来，他错误地认为＿＿＿＿＿＿，给人们带来了许多麻烦，人们都＿＿＿＿＿＿＿，我想告诉风娃娃＿＿＿＿＿＿。

**做好预习笔记**

为了达到更好的预习效果，我们必须做好预习笔记，其内容包括：（1）预习时自己掌握得不太好或已忘记了的旧知识；（2）新教材的基本内容、重点内容；（3）预习时的体会，以及不理解的问题。

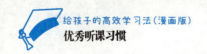

　　邱晓琦同学说，以前她预习时也只是读一遍课文，但一到上课或做练习的时候还是感觉有些问题理解得不深刻，甚至还有疑惑。不过，她自从采用了这种细致的预习方法后，上语文课时，老师所讲的内容她都能理解了。老师每次提问，她也能准确地回答出来。

　　"这都是预习的功劳呀！"邱晓琦同学感慨地说。

小/状/元/这/样/学

### 预习到底有什么作用

　　预习就是为上课做好知识的准备，从而起到提高听课效率的积极作用。通过预习，你可以初步了解什么地方已经学懂，什么地方还不会，做到心中有数，使你把注意力集中在难以理解的知识上，从而达到加强听课效果的目的。这样，上课时有不懂的地方，你就会听得更专心。

# 04 数学 也需要预习

预习数学，对有些同学来说，感觉就像是"老虎吃天——无从下口"。当然也有一部分同学是预习过数学的，但也只是走马观花地看一遍课本，这样是没有任何效果的。

李振涛老师有着多年的数学教学经验，他列举了详细的例子，教我们如何在课前预习数学，这对大家的数学学习很有帮助。

## 1. 举例子

数学的概念、公式比较多，为了加深理解，我们可以尝试着举一些具体的例子来理解概念。例如，对"约数""倍数"的理解，课本上是这么说的："在整数除法中，如果商是整数且没有余数（或者说余数是0），我们就说除数是被除数的因数（也称约数），被除数是除数的倍数。"你就可以举出这样的例子：6能被3整除，6就是3的倍数，3就是6的约数；10能被5整除，10就是5的倍数，5就是10的约数。等等。这样就能帮助我们形象地理

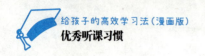

解概念了。

又如，学习《数的整除》一节时，关于"质数""合数"，它的概念性较强，大家不容易理解，但可以在预习时这样思考：①什么叫质数？5为什么叫质数？最小的质数是几？②什么叫合数？6为什么叫合数？最小的合数是几？③1是不是质数？1是不是合数？为什么？鼓励自己积极思考，唤起强烈的求知欲望，课堂上再根据自己的这些问题跟着老师的脚步，听课也会更有效率了。

## 2. 动动手

例如《长方体和正方体的认识》中，对"面""棱""顶点"的预习，我们可以在身边找一些长方体的实物，比如魔方、药盒、课本等。自己动手去摸一摸、量一量这些长方体物体的面、棱、顶点。又如《长方体和正方体的体积》中，已经有了体积公式的推导过程，但我们不妨亲自摆一摆、算一算、想一想，了解长方体和正方体体积公式的推导过程，更有助于大家应用体积公式。

有了这两种方法，同学们下次预习数学时，就不会不知所措了，而且会对数学产生兴趣，很自然地理解和掌握数学知识，真正从快乐中去学。

## 05 牵牛要牵牛鼻子

　　有一位教育家曾经说："预习是合理的'抢跑'。"的确，同学们一旦掌握了良好的预习方式，在一开始就"抢跑"领先，当然也就容易取胜了。可是，如果预习的方法脱离了我们的年龄特征，就很容易造成低年级的同学"吃不了"、高年级的同学"吃不饱"的现象。

　　因为低年级的同学学习内容比较简单，所以通过画一画预习表格、查一查不认识的生字的方式，就能做好预习。但对于高年级的同学们来说，学习的知识相对有些难度，自学能力也比低年级的同学强，所以对应的方法也可以更详细一些，这样才算是牵牛牵住了牛鼻子，找准了合适的方法。比如预习语文，高年级的同学就可以参照这样的方法：

**我的语文预习笔记**

1. 今天预习的课文题目是《＿＿＿＿》，读了这个课题我想到了_____。

2．我先把课文试读了一遍，读的时候，遇到生字我首先查字典，读准了字音、分清了字形，然后组成词语用"○"圈出来，我是用下面的方法自己学习生字词的。

① 读课文时，我认识的生字有_____

_____。

②我查字典学会的生字有_____。

③ 通过读课文，我认识的新词有_____；查字典联系上下文理解的词语有_____，我把意思写在了书上。

3．我又把课文读了一遍，争取把课文读通顺，读不通顺的地方，我就拿尺子用铅笔画上横线，共有__处，我会想办法读通顺的。

① 我停下来多读几遍就读通顺了_____

_____处。

②我请爸爸妈妈读给我听，我又读通顺了__处。

4．我又认真读了课文。

①我发现课文有许多优美的句子，我喜欢的句子有_____。

②我又知道课文主要是讲_____。

### 预习笔记的做法

以语文为例，预习笔记有以下几种做法：

一读：自读课文，归纳出重要内容。二记：记课文生字、多音字。三释：查阅工具书，将自己认为重点的词语意思写在笔记上。四答：尝试着解答课后问题。五疑：将自己在预习中无法解决的疑点写下来。

③我觉得课文写得很有趣、很生动、很感人，所以我的感受是_____。

5. 读了这篇课文，我还有几个问题不明白，所以我记了下来_____。明天上课时，我要认真听老师讲解，并和同学们相互交流，把这些问题弄明白。

这种预习方法有助于同学们在学习上逐渐形成良性循环，使学习变得主动，站在主动位置上，以后就很容易打胜仗啦！

小/状/元/这/样/学

**预习语文不忘读**

我国著名语言学家吕叔湘先生曾说："学习语文重在读，自己读，七读八读，课文读熟了，内容也就理解了。"所以一定不要忽视读的重要性。一般来说，读的方式有很多，比如高声朗读、轻声读、默读等。只有多读，我们才能从中悟理、悟情、悟法，并发现疑难，提高预习效果。

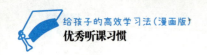
# 06 做课前
# 预习的小主人

　　丽丽是一个很贪玩的孩子，她每天只完成老师布置的作业，预习功课从来都不做。

　　丽丽的妈妈是一位高中老师，她知道丽丽老这么下去只会远远落后于其他同学。于是，她决定：不管怎么样，一定要让丽丽养成预习的好习惯。

　　针对丽丽的毛病，妈妈开出了药方：每天忙完自己的工作，她都会陪着丽丽把老师布置的家庭作业完成，然后带着丽丽把课文中的生字认真读一遍，再组上词语，熟读几遍课文，再把作者简单地介绍一下，并对文章内容进行简略的分析。

　　丽丽不知道妈妈这样做到底有什么目的。直到有一天，老师来了个突然袭击，一上课就问："谁可以把今天要学的古诗背出来？"同学们你看我，我看你，面面相觑，谁也背不上来。因为这首诗还没学呢！

　　这时，丽丽举起了手，因为昨天妈妈已经让自己把这首诗背下来了。丽丽很流畅地背了下来。在同学们"O"字嘴型的惊叹中，丽丽一下子成为了同学们关注的焦点。

背完古诗之后，老师带头鼓起了掌。丽丽终于明白了妈妈的良苦用心，从此就开始坚持预习这个习惯，并主动地学习了。

丽丽是一个幸运的孩子，因为她有妈妈帮助她养成预习的好习惯。可是，我们的爸爸妈妈很忙，那我们是不是就不能预习了呢？不是这样的，预习是我们自己的事，我们要学着自己来完成自己的事。

预习要做些什么呢？以一篇大家都熟悉的课文《鸟的天堂》，来看看预习该怎么做吧。

**快速背古诗文**

　　按照写作顺序梳理文章的思路，寻找利于背诵的策略是常见的背诵途径。如《核舟记》是按空间顺序写作的，背诵时就可以按照这个顺序来处理：整舟→船中→船头→船尾→船背。文章中的每一段都有一个暗示空间顺序的语句，我们可以先将这些语句记熟。

小 / 状 / 元 / 这 / 样 / 学

| | | | |
|---|---|---|---|
| 大榕树<br>（大、美） | 远<br>近 | 干、根、枝、叶 | 静态 |
| **鸟的天堂** | | | |
| 小鸟<br>（热闹） | 到处……到处…… | | 动态 |

## 重点词语

留恋：不忍舍弃或离开。

不禁：不由自主地。

展示：明显地表现出来。

颤动：本课指微风吹动，树叶一闪一闪的样子。

应接不暇：本课指由于鸟儿太多，作者的眼睛看不过来。

有了这么科学的预习工作，你还担心自己不会预习吗？

小/状/元/这/样/学

### 心中疑惑要记下

在预习中遇到困难是很正常的，毕竟我们是在学习新的知识。遇到问题不要放过，我们要把它们记在笔记本上或者书本的空白处，第二天带着问题有目的地听课，比盲目地听课的效果要好多了。

# 第二章

## 快快乐乐上课

　　我国著名的物理学家严济慈先生曾说："听课，是学生系统学习知识的基本方法。要想学得好，就得会听课。"因此，我们可以说，不会听课的同学，成绩往往不会好。为了提高听课的质量，同学们就更应该讲究其方法。

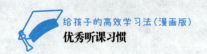
# 17 不做课堂的 "小哑巴"

有一位极具智慧的心理学家，在他的女儿第一天上学之前，就教给女儿一个诀窍：在学校里要多举手，不能做一个"小哑巴"。女儿遵照父亲的叮咛，老师提问时，她总是第一个举起手，无论老师所说的、所问的她是否了解，或者能不能够回答，她总是举手。

我的学习故事

这次考试你考得真棒！

谢谢！我会继续努力。

你有什么学习秘诀吗？

我每堂课都举手回答老师的提问！

随着日子一天天过去，老师对这个不断举手的小女孩印象极为深刻。不论她举手发问或是举手回答问题，老师总是不自觉地优先让她开口。正因为得到了许多这种潜在的优先权，这个小女孩在学习以及其他许多方面的成长，都大大超越了班上其他的同学。

这个故事告诉我们，学习成功的秘诀就是：在学校里，凡事要多举手；无论什么课，要多举手，不能做课堂里的"小哑巴"。

## 1. 发言能让我们学会表达 ★★★

有时候，我们心里有一些想法，却很难说出来。如果不经常锻炼口头表达能力，我们就会永远处于一种混沌的状态，遇到考试也只能啰啰唆唆一大堆，却词不达意。站起来发言与自己坐在座位上糊涂地想，的确是大不一样的。站起来发言不仅可以帮助我们理清思路，也可以促使我们渐渐学会用简练的言语表述。这对于我们在课堂上答题，以及今后的口才表达都是一种很好的锻炼。

### 小纸条提问法

如果在课堂上你有不懂的问题，但又不能打断老师的讲课，或者不好意思问老师，这时候你该怎么办呢？你可以试试用这种方法：把自己上课时没有弄懂的问题都写在一张小纸条上，下课后把纸条递给老师，请求老师帮助自己解答。这样做不仅可以有效地提高听课质量，还可以加强和老师的沟通，让老师及时了解自己的学习状况，还能与老师成为好朋友。

小/状/元/这/样/学

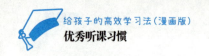

## 2. 发言的过程有助于记忆 ★★★

因为自己动了脑筋、举了手、发了言，也许说错了引得大家哄堂大笑，也许讲得好被老师肯定和赞扬，也许与大家观点不一致引起了"学术争论"……这一切的课堂活动，都是我们的"助记素"，可以帮助我们很自然地把那些要理解、掌握的东西记在心里。到复习时，不用死记硬背，只要一看书，所有的记忆便会自己跳出来了。

## 3. 举手发言能促进思考 ★★★

举过手，发过言，还有重要的一环是"听"。当你谈完自己的理解，老师肯定会完善答案。他也许会针对你的回答，做个评价，补充回答要素，或把语言重新组织一下，有时还会请另外的同学回答。这个时候，你就要加倍竖起耳朵，仔细听一听老师怎么说，其他同学怎样理解，边听边比较，他们的说法与自己的有什么不同？自己漏了什么？哪里说得不精练？这样一边比较，一边总结，自然就加深了对问题的理解，同时也训练了自己的思维。

积极举手的同学，能随着新知识和老师讲课的进度，动脑筋思考，琢磨新问题，大脑进行锻炼的机会也就多了。所以，爱提问的同学往往都是聪明的同学！

# 08 把上课
# 当成读故事

日本教育学家多湖辉先生说："越是对一门功课不感兴趣，就越要加大游戏的成分。"意思就是说，如果我们在学习过程中能加大游戏的成分，即使自己不喜欢的科目也会变得有趣起来。这恰好可以帮助那些偏科的同学。例如，有些同学不喜欢语文课，一上课就打瞌睡。

针对这类同学，有着二十多年语文教学经验的何文永老师，想出了一个好办法，就是指导同学们写一写语文故事笔记，以下面的形式为例：

本科的主人公：何老师和同学们

故事的发生日期：2023年9月27日，星期三，上午第三节课

故事的发展：

1. 上课时，何老师先要求我们回忆上一节课所讲的语文知识：_____。

2．之后，何老师要求我们预习今天要学习的新课文《_____》，要求我们注意_____这几个生字和_____这几个词语。

3．在阅读课文的过程中，我觉得这几个句子非常生动，我很喜欢_____。

4．我还有这几个问题没有弄明白_____。

5．把整篇课文读完后，我觉得这篇课文的中心是_____。

故事的结局：在听完这堂课后，我为这篇课文画了一幅插画。

这种听课方法既新鲜又有趣，通过这样的笔记游戏，使班上原本不喜欢上语文课的同学，后来都喜欢上了语文课。看来听好语文课也不是什么难事！

**上课专心歌**

眼睛注意看，

耳朵注意听。

脑子跟着想，

注意力集中。

好好专心学，

天天长本领。

小/状/元/这/样/学

# 09 做一个
# 会听课的学生

如果连上课听什么都不知道，那就像士兵不知道如何使用枪一样，后果非常可怕。在战场上，不会使用自己的武器的士兵，毫无疑问是会丧命的。所以，我们要成为一个会听课的学生。

## 1. 听重点　

每堂课开始时，老师总是会花几分钟时间，将上一堂课的主要内容用自述或者提问的方式强调一下。毋庸置疑，这就是我们要听的重点了，抓住这个机会弥补上一堂课中存在的漏洞，是非常重要的。

## 2. 听引入　

一般来说，老师在复习上一堂课内容的基础上，会引入新的知识。因此，我们要注意老师复习了哪些已经学过的知识，又引入了哪些新的知识，两者之间有什么关系。这对我们理解

新知识是非常有必要的。

## 3. 听讲解

在引入新知识后，老师会详细地讲解新知识的内容及应用。这一部分是整堂课的中心，需要同学们下大力气去认真听。听老师着重强调了哪几点，是如何讲解的，老师又是如何用新知识解决实际问题的。

## 4. 听提问

老师在讲解新知识及应用时，常常会提出一些问题让同学们回答，对于这些问题我们也要听。因为这些提问都是老师经过精心准备的，与课堂上讲解的新知识有很大的关系。

## 5. 听小结

课堂的最后几分钟，老师所讲的小结也应该注意听。因为，短短的几分钟小结往往是对一堂课的重点概括，是老师所讲内容中的精华，需要引起同学们的高度重视。

另外，很多老师习惯在讲课时再补充一些课外资料，比如关于作者的生平事迹及小故事等。同学们可以听一听这些内容，一方面可以帮助我们更好地理解课文，另一方面还可以舒缓我们在听课时的紧张情绪。

# 10 听出"点化术"

有一位听课特别认真、成绩也很优秀的同学，曾说过这样一句话："听是为了不听。"

大家觉得这句话有道理吗？在回答这个问题之前，我们先来看一个故事：

古时候，有一个神仙练成了"点化术"，无论什么东西只要轻轻一点，便会变成他想要的东西。一次，神仙遇到一个乞丐，顿生怜悯之心，便为他"点"出了许多食物和衣服。可乞丐似乎并不满足，于是，神仙问道："你还想要什么？尽管说出来，我会满足你的。"乞丐望着神仙说："我想学您的'点化术'。"

食物和衣服在吃完用完之后就没有了，而学会了"点化术"便可以源源不断地"点"出自己想要的东西。可见，"术"（方法）远比具体的东西重要。而我们在学习中，这样的"点化术"也存在于各个学科之中。

## 1. 语文中的"点化术" ★★★

　　例如，《珍贵的教科书》这一篇课文，当老师要求我们划分自然段时，同学们一般会按时间发展顺序分段，把课文分成四段，这也是最容易的。可是，老师有时候也会突然点出："还有别的分段方法吗？试想：标题中隐含主题的关键词是什么？如果按'珍贵'这个词的含义重新分析，可以分几个逻辑段？"这时候，大家的思维就会重新被唤醒，活跃地思考，从一个新的角度去分析问题、思考问题，以后在学习其他课文的时候，也可以用这样的方法去划分段落。

## 2. 数学中的"点化术" ★★★

　　比如，老师给同学们布置这样一些计算题：16+95+84，38+47+53+32等。有的同学只会按顺序计算，这样计算的话速度很慢，也很容易算错。如果老师这时候说："哪个数可以和别的数交换？谁跟谁结合算起来比较简便？"这时候，同学们肯定就知道利用加法交换律、加法结合律来运算会更简便，并在下一次做计算题时，也会利用老师说过的这个"点化术"。

　　学会了一个知识点，可以在考试中答对一道题，而如果掌握了一种方法或思路，就可以解决考试和学习中的更多难题。所以，会听课的同学一定要听出老师的"点化术"呀！

# 11 认真听课要"三看"

有一位老师曾用两种不同的方法，分别让两组同学记住十幅画的内容。对于第一组同学，他只是告诉他们画上画了些什么，并不给他们看这些画。也就是说，这组同学只是听，没有看。第二组同学则正好相反，他只是给他们分别看了这十幅画，可是不给他们讲每幅画的内容是什么。这组同学他们只是看，没有听。过了一段时间后，老师再次检查发现，第一组同学只记住了画面的30%，而第二组同学则记住了80%。

可见，听课除了听之外，我们还要看，只有多种感官并用才能学得更好。那么，上课时应该看什么呢？

## 1. 看老师的板书

老师的板书包括：（1）老师在黑板上列出的提纲；（2）讲课的重点、难点、结论；（3）老师补充的新内容。可以说，同学们只要抓住了这几点，就等于抓住了整堂课的核心。

### 2. 看老师的画图与演示

有些难题，经老师画辅助线、画草图或用教具演示一下，就变得不难了。因此，同学们要仔细看老师是怎样画图和演示的。看完老师的演示之后，同学们也要根据题意画出图形，或者自己动手演示一遍。

### 3. 看关键词句和段落 ★★★

当老师讲解课文中的字、词、句或段落时，同学们需要一边听讲，一边看课文中的这些内容，以增强理解和记忆。

其实，课堂的主角并不仅仅是老师，同学们在课堂中的作用也不容忽视。例如，在老师请同学上讲台进行板演或回答问题的时候，我们也要注意观看，看看同学的解题步骤、解题方法以及解题结果，是否跟自己的相同，进行积极思考。

**多感官听课**

以优异成绩考入大学的刘力同学在谈到听课的技巧时说："听课是一件复杂的脑力劳动，需要同时运用手、眼、耳等多种感官，与大脑思维一起积极参与到学习的过程中，只有多种感官相结合，才能使我们得到最大的收益。"

# 12 抓住
# 开头和结尾

优秀教师万春耕说："在听课时，同学们一定要好好抓住开头和结尾。有的同学在听课时，常常不重视老师讲课的开头和结尾，错误地认为：开头语不是'正文'，可听可不听；结束语是'重复'，既然前面已经听过了，后面就可以不用听了。这也就导致了很大一部分同学上课的时候心不在焉。其实，这是大错特错！"

实际上，老师讲课的开头，虽然只有几句话，但却相当于整堂课的"引路灯"，只有跟着这个"引路灯"去听课，才能知道应做什么，该怎样去做。结尾语虽然也不多，却常常是对整堂课的提炼，有着不容忽视的作用。所以，听课一定要抓住要点，我们可以从以下两个方面把握：

## 1. 一节课的最初五分钟 ★★★

老师在讲新课之前，都要复习上一节课所讲的内容，为今天

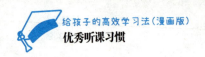
要讲的内容引个头，概述当天一堂课的内容和讲课思路。同学们要抓住这个机会，及时进行复习，为听好本堂课的内容打好基础。把老师的"开场白"当作是在说闲话，而不注意听讲，更不去记忆，这可是很大的损失。

## 2. 一节课的最后五分钟 ★★★

经验丰富的老师总会利用课堂的最后五分钟总结整堂课所讲的内容。这时候你要和老师一起复习，巩固这一节课的知识要点。掌握知识要点不仅仅是记住结论，更重要的是理解，明确概念的含义，了解知识间的内在联系，只有理解的记忆才是真正的掌握。

只要同学们牢牢地抓住了这两个听课要点，相信你在课后复习时，能够快速、准确地把老师在课堂上讲的知识要点逐一回忆起来。

**有张有弛**

严顾元同学说："听课时不要平均使用注意力，要善于抓住重点、难点和关键处听课。在听课中，保持注意力有张有弛，用脑效率高，比整节课高度注意、过分紧张听课，效果反而会更好。"

# 13 打开话匣子 参与课堂讨论

今天要讲的是《听听秋的声音》一课。

王老师带领同学们将课文朗读几遍后，就宣布开始课堂讨论了。她微笑着对同学们说："你们听到了什么，请想象一下。"

王老师的一句话，顿时打开了同学们的话匣子，大家争先恐后地举起了小手。

有的同学说："我听到了树叶落下的刷刷声……"

有的同学说："我听到了大雁拍翅的声音……"

还有的同学说："我听到了蟋蟀和阳台告别的声音……"

全班同学七嘴八舌，讨论得非常热闹，一个个兴奋得小脸红扑扑的。

由此可见，同学们在课堂讨论中畅所欲言，不仅能够发挥自己的自主性，使自己潜在的聪明才智释放出来，而且还会听到其他同学的不同意见，使自己受到启发，获取更多的知识和想法。

不过，你要想积极地参与到课堂讨论中，必须注意两个问题：

1. 我是否准备了足够的知识去参加课堂讨论？

上课时，老师都是紧跟教材内容进行讲解的，我们很容易就能预测出课堂讨论的内容。所以，当你预习完课文后，不妨先猜测一两个你认为可能会出现在课堂讨论的题目，并通过查资料的方式找出相关素材和答案，这样会使你感到安全，帮助你克服害怕回答问题的恐惧心理。

2. 我有回答问题的好方法吗？

回答问题最好采用肯定形式，而不是否定形式。当你回答问题时，不要对自己的答案提出疑问，比如，"这样说不对吗？""书上不是说……"否则，还没等到你阐述自己的观点，就会让人开始怀疑你的观点是否正确了。

课堂讨论的好处很多，同学们一定要珍惜这个机会，不做局外人，积极地参与到讨论中，这样对你的学习会有莫大的帮助。

小/状/元/这/样/学

### 和同学讨论获益匪浅

庄光磊同学说："和同学们的讨论曾使我获益匪浅。"其实，和同学们讨论也是一种主动学习的表现，其具体的表现形式为：提出问题→综合同学们的意见和看法→解决问题。在讨论大家都不是太清楚的问题时，可以带动起一大片的记忆，理清思路，形成知识的网络。另外，和同学讨论不仅可以锻炼自己的自信心和口头表达能力，还可以释放压力。

# 第三章

## 对课堂走神说再见

很多同学注意力分散，不能长时间专心听讲。上课时，他们时而做小动作，抠耳朵，挖鼻孔，抓抓头皮；时而与同学交头接耳，逗闹一下……这些上课不注意听讲的问题，常常困扰着家长和老师。那么，如何才能让每个同学都做到注意力集中呢？

# 14 全身总动员
# 集中注意力

　　庄小波是一名小学生，他有一个坏毛病：上课的时候，听一会儿就会不自觉地东看看、西瞧瞧，课桌上有什么东西都想玩，一支铅笔，一块橡皮都能让他玩上半堂课，等到被老师提醒后，才知道回过神来听课。可是，由于前面的内容没听到，后面的又跟不上，所以就又去玩手上的东西了。久而久之，他的学习成绩自然不好。

　　为此，妈妈和老师都很着急，他自己也知道上课应该认真听讲，想改掉这个坏毛病，可是一上课他又管不住自己，不自觉地"神游"去了。

　　其实，开小差并不可怕，谁没有过在课堂上开小差的经历呢？但如果我们把一节课的时间全都用在开小差上，问题就严重了。这时，开小差就成了一个害人不浅的"小魔鬼"了。那么，我们用什么办法才能制伏这个"小魔鬼"呢？

　　有一个很好的方法，就是在听课时"全身总动员"——"眼到、耳到、口到、手到、心到"，这样就能把自己听课的心思牢牢拴住，不让大脑"神游"了！

## 1. 眼到 ★★★

有的同学上课时困了，就趴在桌子上闭着眼睛听一会儿，这样老师的讲课就跟催眠曲一样，不一会儿就睡着了。所以，我们在听课时要"眼到"，就是眼睛要看黑板、看老师的表情、手势和板书，不能埋着头听课。

## 2. 耳到 ★★★

"耳到"就比较好理解了，就是要认真听讲，不光听老师讲课，还要听其他同学的提问、发言和讨论，听老师是如何解答其他同学的疑问的。

## 3. 口到 ★★★

"口到"不是让你和同桌说悄悄话，而是要积极回答老师的问题。例如，老师在提问一道选择题的时候，常常会把题目念完，然后问："这道题该选什么啊？"这时，同学们就会七嘴八舌地回答："A！" "C！" ……遇到这种情况，你也应该跟着喊，有的同学可能会想："大家都在喊，有我不多，没我不少，我只管听着不就行了。"其实，跟着喊一喊，不仅有助于我们集中注意力，也有助于我们加强对题目正确答案的印象。如果总是闷着头听，就很容易走神。

## 4. 手到

"手到"就是及时记下老师讲课的重点，一边听课一边在本子上做笔记，或者在课本上勾勾画画，画出重点和难点，并及时记录下自己的理解和想法。

## 5. 心到

当我们把所有的感官都投入到课堂中去的时候，我们的全部注意力也就投入了，也就是"心到"了。这个时候，我们的大脑才会以最高的效率开始运转，才能从听课中收获更多。

据调查，一个人在观察事物时，如果光用眼睛看，他只能接受到大约20%的信息，而如果把眼、耳、口、手、心全部用上，那么，对信息的接受率将会大大提高。所以，同学们学习时不能光用眼睛看或耳朵听，而是要"全身总动员"，这样，学习和听课的效率才会高！

# 15 上课走神记录本

你属于哪一种学习类型呢？

## 1. 眼镜蛇型

上课听到有人从教室门口经过，或者听到任何异常的声音，就会探出头来，看看到底发生了什么事情，不看一下，听课就听不下去。

## 2. 钟摆型

上课时为了不打瞌睡，每隔一会儿就要向老师请假去洗脸，或者去厕所，最后，洗脸和上厕所的时间比学习的时间还多，上课的时间根本没剩下多少了。

## 3. 弹簧型

上课的时候，坐在椅子上，晃悠两条腿，或者摇晃整个身

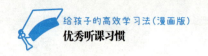
体，好像浑身都在动弹。

如果你是其中的一员，就说明你上课走神的程度实在很严重了。你就需要开始注意培养自己的注意力了。那么，你有什么好办法来克服这些坏毛病吗？

优秀教师刘建林建议这类同学建立一个"上课走神记录本"，当上课走神的时候，按照"日期——课程——走神内容——走神时间"的格式记录下来，如："2012年9月10日——数学课——足球赛——三分钟"，另外，也可以在本子上做一个这样的表格：

| 日期 | 课程 | 走神内容 | 走神时间 |
|------|------|----------|----------|
| 2012年8月25日 | 数学 | 足球赛 | 三分钟 |
| 2012年8月30日 | 英语 | 打篮球 | 两分钟 |

当你记录几天后，就会清楚自己走神的原因了。如果从头至尾认真看一遍，你就会发现自己胡思乱想的东西是多么无聊，浪费了多少宝贵的时间。渐渐地，你就会对走神越来越厌恶，走神记录本上的内容也会越来越少。

相信过不了多久，你的走神记录本上就会出现这么一句话："我今天学习一直很专心，没有走神！"

# 16 做一个
# "问题大王"

　　教育专家调查发现，5~7岁的学生能聚精会神地注意某一事物的时间为15分钟左右，7~10岁约20分钟，10~12岁约25分钟，12岁以上是30分钟左右。

　　这样看起来，同学们的课堂注意力的时间似乎是在一个限定的范围内，不过，刘玲玲同学却有一个好方法，让我们在一节课40分钟内，一直保持着高度的注意力。

　　是什么方法这么神奇呢?

　　那就是做一个"问题大王"，在课堂上积极提问，这样不仅能锻炼你的胆量，还能使你的注意力高度集中。因为，一个人在思考问题时，往往是全身心地投入的。这样你就不可能想一些和学习无关的事了。

　　那么，怎样在课堂上大胆提问呢? 这里有两个好方法:

## 1. 请同桌监督自己

很多时候，我们不敢发问往往出于自己的惰性，明白了这一点后，我们可以让同桌帮忙监督自己，强迫自己每天或者每一堂课都要提出一个问题，把自己有疑问的知识点问出来。

## 2. 把问题记录在笔记本中 ★★★

有时，一堂课的内容比较多，没有向老师提问的时间，那么，我们可以把自己的疑问记录在笔记本上，下课后再去请教老师、同学，或者通过查资料自己解决。比如，你可以按照这样的表格形式进行记录：

| 时间 | 科目 | 存在的疑问 |
|---|---|---|
| 星期三 上午第一节课 | 语文 | 1. <br> 2. <br> 3. |
|  |  |  |

另外，你可以在学校里多参加一些同学间的讨论、辩论，还可以在家里同爸爸妈妈、亲

**"倒车"练习**

把听到的诗句倒叙复述。

第一组：日照香炉生紫烟

第二组：万条垂下绿丝绦

第三组：天街小雨润如酥

戚多交流自己的学习、生活情况等，这样既有利于增加你的信心，也有利于提高你的口头表达能力。

刚提问的时候，不要担心自己是不是"应该问得漂亮、回答得漂亮"，完全可以从小小的疑问开始，争取每堂课都提一个问题。你一旦养成了这个好习惯，日子一久，自然就会觉得该问的问题实在很多，而你问的越多，学习的乐趣也就越高。

小/状/元/这/样/学

在家里，对着镜子大声地说话。

重复别人的发言。

针对某一个问题，看看别人是怎么回答的。

当老师提问其他同学时，认真听一听同学的回答，同时仔细想一想自己的答案，给自己一个锻炼思维的机会，争取下一次发言。

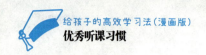

# 17 数学王子巧解数学题

有"数学王子"之称的高斯，从小就特别善于思考。

高斯上小学时，有一次老师在黑板上写下了这样一个题目：1+2+3+4+5+6+……+100=？然后对同学们说："今天的功课是你们自己算题，谁先算完，谁就先回家吃饭。"

听到这句话，同学们立刻拿出练习本，低头认真地算起来。

但小高斯没有动手。他不是偷懒，也不是发呆，而是在思考：难道一定得经过这么复杂的计算过程吗？

过了一会儿，老师走上前问："为什么还不开始计算？"

高斯说："我已经知道答案了，是5050。"

老师十分诧异，问："你是怎么算出来的？"

高斯说："我发现这个题目一头一尾挨次的两个数相加，都是101，1+100=101，2+99=101，3+98=101……50+51=101，总共50个101，所以答案就是50×101=5050。"

"真妙啊！"老师兴奋地拍了一下桌子，接着大声地对全体同学说，"真没想到，你们当中竟会出现数学神童！"

由此可见，养成勤于思考的习惯对于学习是多么重要。

很多同学在课堂上也希望自己能够积极思考，可是往往不知道从哪儿思考，怎么思考，最后不仅没有思考出来结果，反而因为没控制好自己导致分心走神了。那么，同学们在课堂上应该怎样进行思考呢？

1．把自己预习时的理解与老师的讲解进行比较。如果相同，就可以加深对新内容的理解和记忆；如果不同，可以及时纠正自己先前理解的错误。

2．多问几个"为什么"或"怎么样"。爱因斯坦曾经说："提出一个问题比解决一个问题更重要。"对已经有的结果大胆地进行怀疑，有了问题后先独立思考，如果自己仍然不懂，可以和同学讨论或请教老师。这样既可以丰富我们的知识，又可以提高我们解决问题的能力。

3．上课时，猜一猜老师讲解的意图。弄清老师是在讲述一件事，还是在说明一种物；是在抒发一种感情，还是在发表一种议

**注意力训练游戏**

你坐在书桌前，按照学校里老师要求的标准姿势坐好，面部肌肉自然放松，双眼盯着水平视线上一个"点"看。在你静坐的10分钟内，爸爸、妈妈随机缓缓移动这个点，要求你在身体不动的情况下，目光跟随"点"走，一定要坚持到底哦！

小/状/元/这/样/学

论；是在探讨一个问题，还是在提出一个问题。

4．试着归纳老师讲课的要点，然后对内容梗概思考。例如，上完数学课，先把老师在课堂讲解过的题目复习一遍，然后思考还有没有更简单的解题方法等。

同学们，我们的脑瓜都是越用越聪明的，如果你能够在课堂上爱动脑思考，一定也会像数学王子高斯一样优秀！

小/状/元/这/样/学

**猜想老师的讲课内容**

祝铭远同学说："听课时应该跟着老师的节奏，善于抓住老师讲解中的关键词，构建自己的知识结构。另外，还要学会利用老师讲课的间隙，猜想老师还会讲什么，会怎样讲，怎样讲会更好，如果让我来讲，我会怎样讲。这种方法适合于听课容易分心的同学。"

# 18 让椅子 不再"长钉子"

　　课堂上，有的同学就像椅子上有个钉子在扎他的屁股一样，总是坐不稳。不是东摇西晃，这儿看看，那儿望望；就是一会儿摸摸橡皮，一会儿动笔画画；有时还会趁老师不注意，冲其他同学做个鬼脸。

　　如果你也有这种表现，那就必须下定决心及时把这个坏毛病改掉了。具体来说，你可以从下面三个方面做起：

## 1. 认识到小动作的危害 ★★★

　　上课做小动作，不仅自己不能专心听课，学不好，而且还会干扰课堂秩序，影响其他同学听课，对人对己都没有任何好处。对谁都没有好处的事情，你还要去做吗？

## 2. 订立一个小小的目标 ★★★

　　上课时，你要明确地告诉自己：从现在开始，尽量减少动的

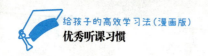

次数。以前上语文课时，老师讲一段课文我动了五次，今天我只动三次，明天争取不乱动，认真听课，表现得更好。这样，循序渐进，最后一定会成功的。

### 3. 贴一个小纸条 ★★★

你可以在显眼的地方，比如铅笔盒或者书桌上，写上"管住自己，认真听课！""我一定能集中注意力听课！"等话，用来勉励自己，增强自己对注意力的控制。

同学们，你一定要记住，椅子上的"钉子"是你自己"钉"上去的，解铃还须系铃人，只有你自己才能将这枚"钉子"拔掉！

### 学会休息

1. 早睡早起身体好；2. 中午和课间不要做剧烈运动；3. 午睡时间要适量，午睡后留点活动时间，洗洗脸，散散步，到上课就精神了。因为刚睡醒时，我们的脑子还有点迷糊，必须留出一定的时间来让大脑清醒。

小/状/元/这/样/学

# 19 和三心二意做斗争

清晨，猫妈妈带着小猫去河边钓鱼。

它们来到一条弯弯的小河旁，拿出鱼竿坐在地上开始钓鱼了。

一开始，小猫还能专心致志地钓鱼。

可是，过了一会儿，一只小蜻蜓飞过来了，小猫放下鱼竿，扭过头去抓那只小蜻蜓。

又过了一会儿，飞过来一只美丽的小蝴蝶，小猫就去捉小蝴蝶。

猫妈妈对小猫说："快过来，妈妈钓到了一条活蹦乱跳的大鱼。"

小猫说："妈妈，我在捉小蝴蝶呢，我等会儿再钓。"

猫妈妈说："小猫，做什么事都要专心致志，不能一心二用、三心二意。"

小猫听了猫妈妈的话，惭愧地低下了头，心想："我今天是来钓鱼的，不是来捉蜻蜓和蝴蝶的。"

于是，小猫回到自己原来的位置开始钓鱼。最后，小猫终

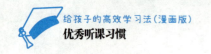
于钓到了一条很大的鱼。

同学们，看了这个故事，对你是否有一些启发呢？是的！我们的学习和小猫钓鱼一样，也要一心一意，不能一心二用，只有这样才能学到知识。

注意力不集中，的确令很多同学感到苦恼，不过，不要着急，这里有两个小方法帮助你解决烦恼，同学们可以尝试一下。

### 1. 目不转睛法

考入知名大学的孙华伟同学从小就特别注意认真听课，在谈到自己的学习经验时，他说："在课堂上，我会要求自己一直盯着老师的板书和老师讲课时的表情动作，并且做到勤动手、多动脑、多提问，这样要求自己，就可以集中精力提高课堂效率了。"

### 2. 自我奖励法

规定自己在一节课里走神次数不能超过两次，做到这一点后就可以奖励一下自己。以后，再限定自己在一节课里一次都不能走神，渐渐地你就会发现：自己再也不走神了。

# 第四章

# 跟着老师的思路"走"

　　有的老师喜欢站在学生中间，和他们侃侃而谈，拉近师生关系；有的老师善于旁征博引，在课文的讲解中举一反三……不管讲课的风格怎样变化，老师在课堂上传授的是他们长期积累的知识精华，上课的时候我们跟着老师的思路"走"，是绝对不会有错的。

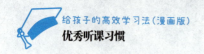
# 20 适应不同老师 也是必修课

不同的老师有不同的讲课风格，不同的学科也有不同的教法。在学习的过程中，我们通常要面对多个学科和多个任课老师，很少有人能遇到全部适合自己的老师。

那么，当遇到自己不适应、不喜欢的讲课风格时，你是怎么做的呢？是没完没了地埋怨、指责？还是就此放弃了认真听讲呢？很显然，这些做法都是不对的。

**我的学习故事**

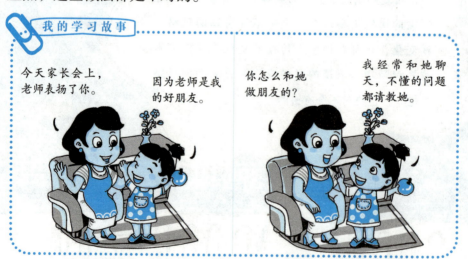

今天家长会上，老师表扬了你。

因为老师是我的好朋友。

你怎么和她做朋友的？

我经常和她聊天，不懂的问题都请教她。

面对几位有不同讲课风格的老师，我们只有主动灵活地适应老师，才能更好地获得理想的课堂学习效果。这样既能提高学习成绩，又能增强自己的能力。

郭依迪同学说："在课堂上，老师是带着我们一步一步扎扎实实地学习的，上课时我们一定要跟着老师的思路走，这样学习才会有效果，否则，过后想补都补不了。"

有着二十多年教育经验的陈树立老师建议，当同学们遇到自己不能适应的老师时，可以从以下几个方面着手：

## 1. 适应老师的性格　

在同学们的眼中，可能会觉得老师是完美的，是我们的偶像，甚至觉得老师像超人一样，是无所不能的。其实，老师也是一个普通人，也有着自己的性格。有的老师和蔼可亲，有的老师又非常严厉；有的老师像我们的朋友，有的老师又很冷漠。我们不能改变老师的性格，所以，就要尽量去适应老师，不能因为这种小问题而影响了自己的学习。

### 不要存有偏见

要想把对老师"讨厌"的情绪变成"喜欢"，最好的方式就是找老师谈一谈。如果感到不好意思，你也可以以写信的方式和老师交谈，把自己真实的想法告诉老师，让老师有机会了解你。通过与老师的交流，你还可以从老师的角度看一看，他当时为什么会那样做，为什么说那些话。

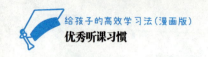

## 2. 适应老师的语言 ★★★

　　语言是老师传授知识的主要方式，是我们获取知识的主要来源。讲课时，有的老师讲课声音小、语速快、吐字不清，或是夹杂着难懂的词语等，这都需要我们平时多和老师交流，尽快地熟悉老师的语言，才能保证我们以后在学习上能顺畅无阻。

## 3. 适应老师的讲课方式 ★★★

　　因为每一个学科的特点不同，所以老师的讲课方式也往往不同。例如，以自学为主的老师，讲课时常常只会讲一个大概，然后让同学们自己去领悟。这就需要同学们的自学能力很强，要善于多思考和提出问题，不懂的就要及时问；再如，以板书为主的老师，讲课一般突出重点，条理清楚，在黑板上的板书也很仔细，但往往讲解的少，又不透彻。因此，大家在听课时就要注意记录重点知识，课下自己再积极利用辅助资料来完善。

　　总之，学习好不好，关键在于自己。只要我们主动适应了老师，掌握不同老师的讲课规律，就一定能学好每一门课。

# 21 "教科书型"老师

"教科书型"老师，顾名思义，就是指在上课时基本上以教科书为主，照着课本念的老师。同学们听起来感觉不到什么新鲜的内容，味同嚼蜡，老师讲课没有太多激情，课堂气氛也是死气沉沉，用一个小学生的话说："五分钟就能让你去见周公。"

为了防止自己真的不到五分钟就去见周公，在听"教科书型"老师的课时，同学们首先至少要明白到以下两点：

1. 这一节课学习的重点内容是什么？
2. 这一节课需要解决的问题有哪些？

做足了这样的准备，即使"教科书型"老师讲得天昏地暗，你也不用怕了，因为你心里已经十分清楚这节课的任务是什么，这样就能做到有的放矢，不会听完一节课还是云里雾里。

司伟同学以前就遇到过一位这样的老师，他是怎么应对的呢？

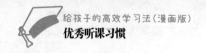
我们一起来看看他是怎么做的吧！

　　我们以前有一个老师上课特别没意思，每次上课都是照着课本讲，讲得全班同学都快睡着了，听课效果特别差。可是，越是这样的老师，越讲究课堂纪律，只要有同学稍微一走神，就会被点名批评，这很耽误课堂讲课的进度，也耽误了其他同学的时间。后来，我想到了一个好办法来应对这位老师。

　　首先，提前认真预习，弄清这一节课的中心内容、基本框架；其次，以"教导主任"的心态来听课，一边听老师照本宣科地讲课，一边在心里评判道："这个重点没有讲到。""这几句话，跟课本上的原话一模一样，没有讲清楚。""这个问题分析得很好，听起来有点意思。"这么一来，原来枯燥无味的听课过程就变得生动有趣了，而且还很容易跟上老师的思路，也就不会再去见周公了。

　　"教科书型"的老师上课虽然讲的内容和课本上差不多，但同学们不能因此就不好好听课了。因为，尽管老师讲的内容多半部分都是课本上的，但他也会说一些他自己的心得，比如对某一位历史人物的不同评价，对一道题目的不同解答，等等。同学们认真地听一听，还是很有收获的。

# 22 "天马行空型"老师

从屈原到澳洲袋鼠，从古生物化石到肯尼迪被杀的子弹，这是"天马行空型"老师的典型思维，讲课的思维跳跃性强，而且随意发挥。

"天马行空型"老师的课让大家听起来津津有味，感觉非常过瘾，课上，同学们不会觉得无聊，更不会打瞌睡，有时候下课铃响起了，大家还觉得意犹未尽。

不过，等到做练习题或课后复习回想课堂知识内容时，才觉得头脑中一片空白，于是，不管是做练习还是考试，都会显得无从下笔，这时候，心情就没有当初听课时那么愉快了。

听"天马行空型"老师的课，如果同学们能够做到无论老师天马行空得多远，你仍旧能够抓住课堂的中心，结果肯定就不一样了。严亚芸同学曾经在日记中写道：

我们英语老师是一个刚参加工作的大学毕业生，他讲课时，

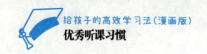

总是会先来几个笑话，逗得大家哈哈大笑，然后东拉西扯，正经的东西还没说几句，下课铃就响了。班上喜欢这个老师的同学很多，可是我却不怎么喜欢，因为我觉得学不到东西。怎么办呢？后来，我想出了一个好办法。

这个办法的具体做法是，预习时把当堂课的知识点列个表。以英语课为例，我是这样列表的：

| 课程名称 | | 章 节 | |
|---|---|---|---|
| 预习时间 | | 听课时间 | |
| 重要知识点 | | | |
| 词汇部分 | | 语法部分 | |
| | | | |
| 总 结 | | | |

听课时，我一边听一边看我列的知识点表。老师讲到的地方，就划掉一项；没有讲到的，下课后就去问老师，或者和同学讨论。这样一节课就不至于稀里糊涂地混过去了。

听了严亚芸同学的建议，下次再遇到"天马行空型"的老师，大家都知道怎么去适应他了吧？

# 23 "口若悬河型"老师

"老师刚刚上课就滔滔不绝、口若悬河，一句接一句不停地讲，感觉说话都不用喘气，噼里啪啦，一直讲到下课铃响。"

"是呀是呀，我觉得老师讲课像放鞭炮一样，根本跟不上他的速度。"

……

下课后，同学们纷纷议论，抱怨老师上课没有重点，一堂课上完了，感觉什么也没有学到。

这种就是"口若悬河型"的老师，他们讲课就像在赶场子，显得特别忙，说话犹如滔滔江水连绵不绝，同学们听课时感到高度紧张，往往又不知所措。

遇到这种类型的老师，就需要你养成课前预习课文的好习惯，在课前充分地熟悉课文，对课文内容有所了解，这样，到了课堂上，当老师再口若悬河地讲课时，你才能把课本上的知识和课堂上老师讲的知识顺利地结合起来，融会贯通，而不会脑子里一片空

白，什么也没记住了。

例如，在预习语文课文时，我们可以将课文的题目、开头、结尾、典型的事例、优美语句等一一记下来，如下表：

| 课文题目 | |
| --- | --- |
| 开头第一句话 | |
| 典型事例 | |
| 优美词语 | |
| 优美句子 | |
| 结尾最后一句话 | |
| 读后感想 | |

另外，"口若悬河型"的老师还会在讲课时加上自己所搜集的资料。由于这些内容课本上没有，同学们在做笔记时，很可能会找不到重点，眉毛胡子一把抓，把老师说的话逐字逐句地记录下来。

其实，同学们可以在预习课文时，找一些与课文内容相近的参考资料书，好好地读一读，了解一下这些资料对于今天的课堂内容有什么帮助。这样，同学们在听课的时候，就可以抓住重点做笔记了，而且还会有时间来专心听讲和思考问题。

## 充分利用好课堂时间

课堂是实现老师"教"和我们"学"的主要途径，讲课是老师传授知识的主要途径，听课则是我们获取知识的主要渠道。按每周5天，每天上6节课计算，一学期20周，就要上600节课，一年要上1200节课。可以说，我们大部分的宝贵时间是在课堂度过的，课堂占据了我们大部分的学习时间。因此，我们要充分利用好课堂上的45分钟，这样就会大大提高学习效率。

小 / 状 / 元 / 这 / 样 / 学

 # 24 "念佛型"老师

我们常常会听到一些同学这样说："听那个老师的课，就像听老和尚念经一样，能把人听睡着了！"的确，老师讲课听不懂，我们总会有一点埋怨。

不过，从老师的角度来说，老师可能就要叫苦连天了："我已经费了九牛二虎之力讲课了，可是学生啊，简直就像'对马念佛'，听不出所以然来。"

让我们来看看汪洋同学是怎么应对"念佛型"老师讲课的吧。

我们的语文老师人很亲切、很漂亮，我们都很喜欢她，可是我觉得她上的课我总是听不懂，觉得老师上课像和尚念经。

后来，我想了一个好办法：记思路笔记。这个方法很有用，就是努力去听老师的思路，一边听一边在笔记本上记下来。

例如，在学习《饮湖上初晴后雨》这首古诗时，我是这样记的：

1．这首古诗很重要，老师说考试时可能会考这一首古诗。

2．可能会出现的考题形式有填空、翻译诗词、默写全诗等。

3．出题的老师一般出题的思路有：第一，关于作者的介绍；第二，解释个别字词的意思，例如，"空蒙"是什么意思；第三，默写其中的一两句朗朗上口的诗句，如"欲把西湖比西子，淡妆浓抹总相宜"等。

……

你看，像汪洋同学这样来听课的话，就会发现这位老师讲课是很有意思的，认真地听一听，也能学到很多东西，如果睡着了，那真是太可惜了。

小/状/元/这/样/学

**不要对老师产生抵触情绪**

每位老师都有自己的授课特点，有时即使某位老师的授课方式不太适合你，你也一定不要因为有抵触情绪而不认真听课。始终要记住：课堂上的主要任务是听，哪怕只听十分钟，也要比你一分钟都不听、课后再补课的效果好。

# 25 "飞弹型"老师

"飞弹型"老师上课特别爱提问，你总是搞不清他下一个飞弹会飞向谁。对于这种类型的老师，同学们首先一定要多多锻炼自己，不要怕回答问题，即使回答错了也不要放在心上。因为，老师问的问题是很有代表性的，积极回答老师的问题，可以加深对所学知识的理解，是快速提高自己成绩的一条有效途径。

赵丽文同学也遇到过"飞弹型"的老师，她在日记中这样写道：

我们的数学老师上课时特爱提问，一节课下来，总会有十几个同学被提问。我们常常提心吊胆，生怕被老师点名了，又紧张又学不到什么东西。

后来，我从资料书上学到了一个好方法。老师既然爱提问，那我干脆就以"问题——回答"的线索来记笔记。例如，学到"角"时，我是这么记的：

**不要自行其是**

在课堂上老师讲课时，最好跟着老师的思路走，边听边思考，这样效果会更好。如果你自己做自己的，课堂上的氛围就会干扰你的思路，你将无法集中精力看自己的内容，还要排除课堂上其他声音对自己的影响。这样一来，你既没有听到老师所讲到的内容，自己学习的效果往往也很不好，这样自然是不划算的。

1．问题一：什么是角？

李立答：自一点引两条射线所形成的形状叫作角。

2．问题二：角分为几类？

班长答了5种：

①锐角，$0° < \angle A < 90°$

②直角，$\angle A = 90°$

③钝角，$90° < \angle A < 180°$

④平角，$\angle A = 180°$

⑤周角，$\angle A = 360°$

3．问题三：角的单位是什么？

王磊答：计量角大小的单位是"度"，用符号"°"表示，度量角大小的工具叫量角器，它把半圆分为180等份，每一份所对应的角叫作1度的角，记作1°。

······

在听"飞弹型"老师讲的课时，如果同学们也掌握了这样的好方法，就一定能够在课堂上自由地遨游，快乐地学习知识了。

#  26 "启发型"老师

有些老师上课时讲得很少，从不面面俱到地分析、解释问题，而是设计出几个问题，让同学们自己去分析、理解、讨论，然后再结合大家讨论的结果进行归纳。这就是"启发型"老师上课的特点。

这类老师一般属于智慧型、思考型，他们在课堂上往往会引导同学们自己去思考问题，而很少直接地说出答案，真正做到"启发"思维。因此，就会有一部分同学认为这类老师上课不负责任，从他的讲课中无法学到足够的知识。

那么，我们如何适应这样的老师呢？

1. 要转变自己的观念。"启发型"老师虽然在课堂上讲的很少，但他正是为了省出一些时间，让大家有自己看书、思考、讨论、练习的机会。同学们通过自己实践得来的知识，比全靠听老师讲的知识印象要深刻得多。而且，跟着这样的老师学习，久

而久之，大家自主学习的能力和解决问题的能力都会得到很大提高。

2. 要做好课前预习，抓住这堂课的重点，以便在课堂上紧跟老师的思路走。

俗话说："师傅领进门，修行在自身。"所以，同学们要珍惜"启发型"老师，主动和老师配合，积极参加课堂的讨论，说出自己的看法，使自己成为学习的主人。

小/状/元/这/样/学

**善于自己总结听课方法**

在上课时，我们接触到的任课老师较多，老师们的讲课风格也多种多样，因此，每个同学都要学会总结听课方法，努力使自己适应每个任课老师的讲课方式和风格，我们只有适应了不同老师的讲课风格，才能将自己的学习兴趣和积极性调动起来，把功课学好，提高学习成绩。

# 第五章

# 语文是一门没有围墙的功课

在一线教师的眼中，语文是最好学的，也是最难学的。语文的难和易，主要取决于我们是否养成了良好的学习习惯。怎样才能把语文学好呢？一方面要多掌握字词、多读一些文章、多观察、多练笔，另一方面要在课堂上好好听课把基础夯实。

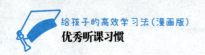

# 27 课前要先熟读课文

在语文课上，老师经常会带领我们一起朗读课文，或者让同学们自己在下面小声地读，这都是我们学习语文的基本方法。

经验丰富的一线优秀教师薛辛欣老师建议，通过不同的方式朗读课文，以提高我们的"语感"。

**我的学习故事**

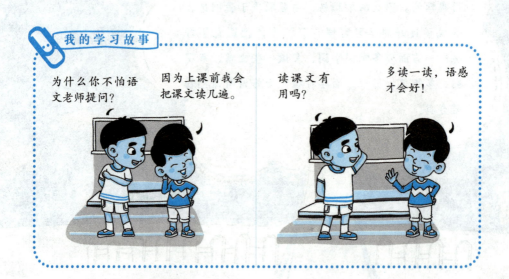

为什么你不怕语文老师提问？

因为上课前我会把课文读几遍。

读课文有用吗？

多读一读，语感才会好！

### 1. 粗读课文

　　粗读的任务是在预习时完成的，所以粗读时就要把生字、难字这些"绊脚石"通通清除掉，然后再开始读课文，结合课文下面的注释，初步了解课文的结构。粗读时还要用笔画出自己有疑问的地方，上课的时候再着重听这些问题。

### 2. 细读课文

　　细读课文一般是在上课时由老师领着我们读。这就要求我们要读准字音，认清字形，准确停顿，把握节奏；要解决粗读中遇到的疑难问题，了解关于作家的常识；从整体上了解课文的基本内容。

### 3. 品读课文

　　品读课文就是老师在课堂上布置的任务。它的主要任务是，鉴赏课文中的表现手法、艺术风格等。品读主要是通过朗读来表现的，是一种感知课文的手段。著名散文家朱自清说："吟诵，对于探究所得的，不仅能理智地了解，而且能亲切体会。不知不觉之间，内容和理法就化为自己的东西。"由此可以看出，通过诵读，同学们一定能领悟到一篇文章的丰富内涵。

　　同学们，只要练好了朗读课文的技巧，在以后的语文学习中，不用老师指点，也能熟练地自己读课文了。

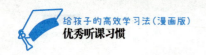

# 28 不会划分段落，怎么办？

在熟读课文的基础上，老师下一步往往会让我们对课文划分段落。

萧萧最不喜欢划分段落了。每次划分段落时，萧萧就觉得像在玩猜谜语的游戏。有时候划分段落正确了，萧萧就会很高兴，觉得自己终于猜对了；有时候很不凑巧，划分错了不说，还正好被老师点名回答，萧萧就觉得很沮丧："怎么又出错了？"

所以，萧萧就会经常想："每次都像猜谜语一样怎能划分对呢？要是有一个专门的划分方法就好了。"

同学们，你是否也像萧萧一样正在为此愁眉苦脸吗？不用着急，下面就给大家介绍五种常用的划分段落的方法，你一定要牢牢掌握哦！

## 1. 归并分段法  ★ ★ ★

先概括出每个自然段的主要内容，具有独立内容的自然段可以划分为单独的一段；有时几个自然段表现同一个内容或联系很紧密，合起来才能构成一个完整的内容，就要把这几个自然段合成一段。这是最基本的分段方法。

## 2. 主线分段法

先抓住文章的主要线索，再顺着主线划分段落。如《詹天佑》一课，以修筑京张铁路这个中心事件为主线。你可以按这条主线来分段：①提出计划（国内有争议，国外有反响）；②施工（看自然条件上的困难，看技术条件上的困难）；③竣工（提前两年）。

## 3. 提取中心段

先抓住在文章中占较多篇幅的主要内容，把这部分内容归纳为一大段，就叫提取中心段。例如《草船借箭》一课，第六至第九自然段，具体写了草船借箭的经过，是文章的中心段，先提取这个中心段，然后再划分剩下的部分。

## 4. 标志分段法 ★★★

有的课文有明显的分段标志，我们就可以利用这一点来划分段落。例如：①标明时间的语句。《我的战友邱少云》一课中的"天还没有亮""中午的时候""黄昏的时候"，都是一个大段的开头。②标明地点、方位的语句。《在祖国的蓝天上》一课

中，就可以根据"去机场的路上""在机场""在飞机上""下飞机""在回来的路上"这些地点的变化，把课文分为五段。

## 5. 标题分段法  ★★★

有的课文我们可以抓住标题的中心词语来分段。如《伟大的友谊》一课，抓住"友谊"这个词可以把课文分为：共建了友谊→发展了友谊→深厚的友谊→伟大的友谊。

学会了这几个实用的方法，以后再划分段落的时候，你就不会愁眉苦脸了，赶快和你的同学也分享一下这个好方法吧。

小/状/元/这/样/学

**划分段落的步骤**

第一步，初步阅读，了解文章大体意思和记叙顺序。

第二步，再次阅读，明确文章是记人的，还是记事的，或状物的，或写景的，以便确定分段方法。

第三步，逐步细读，分析节（自然段）与节（自然段）之间的联系，概括小节（自然段）的意思。

第四步，通读全文，综合各种依据，合并小节（自然段），分析逻辑段之间的联系。

# 29 巧妙归纳段落大意

给课文划分段落后，接下来就是归纳段意了。可是，有的同学就是无法用简练的语言去概括每个段落的大意，总是啰啰唆唆地说上一大堆也说不到重点。

对于这种情况，同学们可以采用这样的方法去概括段落大意：

## 1. 摘句法

段落中的总起句、小结句等，往往是一段记叙、描写或议论的中心，因此，同学们可以摘取它们作为段意。例如《松鼠》一课，第一段的第一句"松鼠是种美丽的小动物"，这句话就可以作为这一段的段意。

## 2. 缩句法

段落中的总起句、小结句、中心句是一个复句，因此，在归纳段意时就要进行缩句简化。例如《群鸟学艺》一课，第一段是："许多鸟听说凤凰会搭窝，都到它那儿去学本领。"把这句话进行压缩后就是段意：群鸟向凤凰学本领。

### 3. 串联法 ★★★

即把各个层次的意思串联起来作为段意。例如《黄河象》的第二段先后假想了：①时间、气候、地理环境；②象为什么会掉进河里；③象掉进河里时的情况。综合这三层意思，就可以归纳段意为：科学家假想这头黄河象的来历。

### 4. 抓过渡句法 ★★★

课文中的过渡句具有承上启下的作用。例如《赵州桥》一课中的过渡句："这座桥不但坚固，而且美观。"一句话承上启下，概括了上下两段大意。

### 5. 抓要素法 ★★★

以记叙文为例，记叙文的段意一般可以以时间、地点、人物、事件的起因、经过、结果六要素作为依据来归纳段意。例如《飞夺泸定桥》一课，按大意可以归纳为四段，第一段讲事件起因：大渡河地势险要、铁索桥是唯一通道。第二、三段讲经过：第二段讲红军与敌人援兵抢时间，第三段讲红军战士攻天险"飞夺"泸定桥。第四段讲结果：夺取泸定桥后，继续北上抗日。

**30 轻松总结
课文中心思想**

中心思想是一篇课文的灵魂。概括中心思想是阅读训练的一项重要内容，也是检验我们是否读懂一篇课文的关键。概括课文中心思想既是我们学习的重点、难点，也是考试的热点、焦点。

那么，怎样才能迅速概括文章的中心思想呢？

其实，概括文章中心思想并没有想象中那么难。我们只要牢牢掌握住了下面这十个方法，就能迅速地归纳出文章的中心思想了。

方法一：看题目

题目是文章的眼睛，有时题目就是中心思想的高度概括，看题目就知道它的中心。如《董存瑞舍身炸碉堡》一课，从题目中我们知道事情是围绕"炸"展开的，表现了董存瑞的舍身精神。文章的中心思想从题目中就体现出来了。

方法二：看开头

文章的开头是各种各样的：有的文章开头总起全文，直截

了当地点名了中心思想。如《詹天佑》一课的开头："詹天佑是杰出的爱国工程师……"文章的中心正是表现他的杰出与爱国。

方法三：看结尾

文章的结尾如果是总结性的，中心思想也较明显，较易归纳。如《我的伯父鲁迅先生》一课，中心思想是十分明显的："的确，伯父就是这样一个人，他为自己想得少，为别人想得多。"

方法四：看中心句

文章中含义深刻的句子，直接表达了作者的感情，分析这些句子，就能体会出文章的中心思想。如《可爱的小蜜蜂》这篇课文的中心正是赞颂了小蜜蜂勤劳无私的高尚品格。

方法五：看重点段落

文章的重点段是表现中心思想的重要部分。如《飞夺泸定桥》这篇课文，我们只要认真分析"飞"和"夺"的经过，就能领会红军战士机智勇敢、不怕牺牲、勇往直前的革命精神。

方法六：看重要人物

写人的记叙文，往往是从重要的人物身上就能体现出中心思想。抓住重要人物的所做、所为、所想、所感就可以把握文章的中心思想。如《穷人》中的桑娜，抚养邻居孤儿前后的思想斗争、行动、决心，充分表现了劳动人民关心他人胜于关心自己的高尚品德。

方法七：看主要事件

叙事的记叙文，事件都有主要事件和次要事件，抓住主要事件去分析，想想是写了什么事，歌颂了什么，反映了什么，说明了什么？就可以捕捉到文章的中心思想。例如，《草船借箭》一课，主要写诸葛亮巧借十万支箭的事。抓住"巧"字去分析，不难看出作者在赞扬诸葛亮的杰出才能和宽广的胸怀。

方法八：看关键人物的语言、动作、心理活动描写

人物的语言、动作、心理活动等描写往往体现出文章的中心思想。如《落花生》父亲的话："人要做有用的人，不要做只讲体面，对别人没有好处的人。"父亲的话既是对孩子们的希望，又点明了文章的中心。

方法九：看文章的体裁

如果文章是说明文，它有自己的特点，文章的主要内容就是中心思想。

方法十：看议论和抒情部分

在文章中，作者往往直接议论抒情，把中心点明了。如《不平常的蛋糕》一课，作者最后直抒胸臆，议论道："宋奶奶时刻牵挂着孩子们，她关心着祖国的未来！"

当然，具体篇章要具体分析，不是分析每篇文章都用这十个方法。

# 31 上好古诗文课不用愁

古诗文是我们语文课的重要组成部分,但对于很多同学来说既枯燥乏味又难以理解和掌握。于是,我们不得不死记硬背,并且很快就忘记了。

为了帮助同学们走出这样的误区,我们不妨看一看以下几种学习古诗的方法。

## 1. 画 ★★★

把诗句变成一幅风景画或生活画展现在眼前,从中受到美的熏陶。如《宿新市徐公店》一课,动动手,就可以画成一幅画:一群小孩在一起捉蝴蝶。画完了还可以给自己的画取一个名字,叫"村童扑蝶图"。

## 2. 演 ★★★

调动我们脑袋里的知识,把诗句没有描绘出的声音、动态想象出来，通过表演让画面在我们面前立体化起来、活起来。如《寻隐者不遇》就是一老一小对话的情景。你可以扮演老者，让另一个同学扮演书童，然后根据诗意进行对话表演，这样学起来就不会枯燥了。

### 3. 唱 ★★★

将学过的古诗用旋律唱出来。这样既提高了我们的乐感，又背诵了古诗。例如苏轼的《水调歌头》，就已经有了这样的歌曲。平时在等公交车、散步时，都可以听一听，跟着歌曲的旋律唱一唱，无形中就把这首古诗记住了。

### 4. 讲 ★★★

将古诗所描述的画面用一个小故事讲出来。例如李白的《赠汪伦》，我们可以通过讲故事的形式，在课堂上讲给老师和同学听，或在家里讲给爸爸妈妈听："李白就要坐上小舟走了，忽然看见汪伦带着村民来给他送行，他们手挽着手，一边走，一边唱。李白心里十分感动，不禁感叹：'桃花潭的水已经有千尺深了，但也比不上汪伦对我的情谊啊。'"

用上面方法学习古诗有很多妙处：既能培养我们的语感，又能帮助我们理解诗句的意思；既帮助我们积累了词句，又帮助我们体验了古诗意境，还培养了我们的想象力，让我们在快乐中学到了真正的本领。

# 32 消灭 "流水账"作文

你害怕写作文吗？

一到作文课，就会有人欢乐有人愁了，有的同学甚至说："作文难，难于上青天。"不少同学一动笔写作文就记流水账，尽管老师每次都是尽力"扫除"这样的作文，但仍旧屡禁不止，难以除根，这令老师非常头疼。

那么，我们该如何消灭"流水账"作文呢？

## 1. 学会观察

作文来源于生活，生活是写作的源泉。自然界中的花草树木，学校家庭、社会生活中的人、事、物等，都是我们在日常生活中随时可以接触到的。只要我们做生活中的有心人，留心观察，用心思考，将生活和作文联系起来，写作之源就会取之不尽，用之不竭，写作文时就会左右逢源，运用自如。

## 2. 加强扩句训练 ★★★

在写作文时，同学们要避免主干式的表达，而应该通过扩充，丰富句子的内涵，使原本单一的主干式句子枝繁叶茂。比如，"我接过试卷：50分！"可以扩展为："我忐忑不安地接过那熟悉又陌生的试卷：一个刺眼痛心的50分！我只觉得脑中轰隆隆的，真不知道自己是怎样走回座位的。"通过插入修饰语，具体而生动地展示了"我"考试失败后的心理感受，使读者感到真实、可信。

## 3. 巧妙地运用修辞手法 ★★★

修辞是语言生动的催化剂，巧妙的修辞比喻，能给人留下深刻的印象。例如，有一个同学在《当我被误解的时候》一文中写道："我刚踏进教室，闹哄哄的教室立刻变得鸦雀无声，几十道带着问号的目光向我直射而来，这些目光古怪而陌生，仿佛他们盯着的不是一个朝夕相处的同学，而是动物园新来的什么珍稀动物似的。"小作者用了"动物园里的珍稀动物"这个比喻，形象地

**动笔前先写提纲**

在动笔写作文之前，先想一想要写什么、怎么写，把提纲列出来，安排好第一段写什么，第二段说什么，等等。有了提纲，心中就有底了，写起来就更顺畅了。

写出了被误解后同学们的惊异目光，效果立刻就显现出来了。

## 4. 穿插描写，使作文生动 ★ ★ ★

有时候，我们写作文时，可以适当地穿插描写一下环境或人物，虽然只是三言两语，但效果却不同凡响。例如，有一个同学在《考试之后》一文中写道："天阴沉沉的，似乎要将大地吞没；风凉飕飕的，几乎要把我冷冰冰的心吹破。我紧揣着语文试卷，徘徊在回家的路上。"小作者将环境描写与考试失败后的心情描写进行了巧妙的结合，生动、形象地表现出了人物的特殊心理。

同学们，写作文时，如果你能够把这些技巧恰当地运用到作文中，就一定能不断地写出好作文，彻底告别作文"流水账"。

# 33 擦亮作文的标题

陈旭同学的作文每一次都可以得到高分。他在介绍自己的写作经验时，特别提到了自己从小养成的一种好习惯，就是写作文时一定要给作文拟一个好标题。他说：

"小学时，有一次老师让我们写一场自己参加的有趣活动。我很认真地写了一场精彩的足球赛，最后拟了一个作文标题叫《小球迷丁丁》，交给了老师，结果这篇作文只得到了'中'。

"后来，老师找到我，给我解释了我才明白，我这次作文'题不对文'。写足球赛，肯定要写足球赛的精彩激烈，而作文标题却叫《小球迷丁丁》，着重介绍的是自己，这样就转移了作文的重心了。"

那么，作文的标题应该怎么拟呢？陈旭同学总结了几点具体要求：

1. 作文的标题要有新意，能引人入胜，不能照搬照抄。

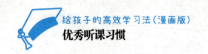

比如，同样是写热爱家乡的作文，《苹果之乡——烟台》就比《我爱烟台》更形象、生动，作文内容也一目了然。

2. 作文的标题要具体，不能太空泛。比如，同样是表达同学们热爱读书这一主题的文章，《我爱读书》《书籍伴我成长》就比《读书》《书是人类进步的阶梯》更加具体。

3. 作文的标题要精炼，不要累赘。作文的标题太长，就会给人复杂的感觉，比如《一件难忘的事》就比《发生在我小时候的一件难忘的事》简洁得多、精炼得多。

作文不仅要内容写得精彩，而且拟标题也有很多学问。陈旭说："后来，我把作文标题改成了《一场精彩的足球赛》，终于得到了老师的表扬。"

小/状/元/这/样/学

**标点符号的妙用**

有人喜欢在作文标题中加上标点符号，这有什么妙用呢？李一思同学说："标点符号是无声的语言，用它们来拟作文标题，不仅可以让标题显得清新活泼、形象生动，而且还会给人留下广阔的思考空间。比如，作文标题《人生，丰富多彩！》，作者在标题中加入的感叹号，使标题的语气铿锵有力，形象地表明了'人生没有固定格式'这一主题。"

# 34 精彩的作文开头如凤首

　　新颖的文章必然会有一个新颖的开头。一篇文章的开头是文章的重要组成部分，写好开头，也是写好作文的重要一环。只有写个好开头，才能牢牢地吸引读者，使其必读之而后快。因此，我们应该对作文的开头多花点时间、多动点脑筋。

　　那么，作文要怎样开头呢？

　　古人写文章总是力求"凤首、豹尾"，就是说开头要写得有姿有彩，结尾要写得短促有力。现在，我们写作文也是如此，作文要想获得高分，就必须要有亮点，要出彩，让阅卷老师眼睛一亮。

　　虽然作文的开头没有固定的模式，也不能说哪种开头好，哪种开头不好，这要根据文章的体裁内容而定。但也不是说开头没有基本的规律可循，在这里，姜淑萍老师给我们介绍了几种常见的写作文的开头方法。

　　方法一：落笔扣题，开门见山

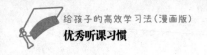
例子:

我的爸爸高大的身材，方正的脸儿，有点像电影演员。我爱爸爸，倒不光是他长得帅，主要是敬佩他勤奋好学。

从这里我们可以看出，所谓"开门见山"，实际上就是把要描述的人、事、物直截了当地摆出来，不绕弯子，让读者一看就知道要写什么人、什么事、什么物。

方法二：说明情况，介绍背景

例子:

自从我懂事起，爸爸妈妈整日为工作忙碌，不是出差，就是开会，很少在家。姐姐那时虽然不大，却成了一家之主。在我的面前，她好像是个懂事很多的"大人"。我对她既信任又佩服。

这种开头先点明一些必须说明的情况或介绍一下需要介绍的背景，紧接着写人物或事件，使读者更好地理解文章内容，不至于感到莫名其妙。

方法三：提出问题，引人注意

例子:

我家的隔壁新搬来一家姓吴的。他们的家具，几乎都是大大小小的书架，上面塞满了各种各样的书。我很奇怪：这位吴叔叔双目失明，他买这么多书干什么？

这种开头往往用疑问句、设问句或反问句提出一个非常有意思的问题，制造一个悬念，吸引读者急于看下去。不过，用这种方法开头，问题一定要吸引人。

方法四：先讲结局，倒叙事件

例子：

在皎洁的月光下，我慢慢地打开木盒，凝望着一支已经很旧的木制小手枪，顿时，昔日与好友相处、离别的情景浮现在眼前……

倒叙，是先写出事情的结果，再回过头来写事情的起因和经过。这种开头比较吸引人，让人有一股一探究竟的好奇感，也可以摆脱平铺直叙的毛病。

此外，引用名言警句作为开头，也是很好的作文开头方法。它不仅可以使你的作文中心思想简明扼要，而且能集中表达文章主旨。比如，在写一篇关于虚心好问的作文时，引用孔子的名言"三人行，必有我师焉"，就可以直接明了地表达出全文的主题。

小/状/元/这/样/学

**作文开头歌**

开头方法有六条，一条一条都有效。

开门见山点题式，时间地点有分晓。

渲染气氛描写式，写景开头定格调。

广泛引用方法好，突出中心让人明。

先叙结局悬念式，扣人心弦求根底。

回忆叙述启下文，引人入胜添气氛。

巧用修辞展文采，激发读者兴趣高。

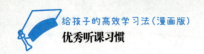

# 35 漂亮的作文结尾如何写

俗话说："编筐编篓全在收口。"文章的结尾也十分重要，不能虎头蛇尾也不可画蛇添足，要像"豹尾"一样生动、有力，恰到好处，让读者读完文章之后，久久不能忘怀。

文章的结尾和开头一样，没有固定的格式。但在许多人的写作实践中，有不少写好结尾的经验和方法，可以借鉴，从而开拓我们作文结尾的思路。

在这里，给同学们重点介绍四种常用的结尾方法：

## 1. 自然性结尾　

就是说，文章写到最后，要顺势写出结尾，结尾与全文是紧紧相连的，而不是脱节的。

例如，有位同学着重写爱迪生刻苦钻研的精神，结尾写道："我对着爱迪生画像久久地凝视着，不禁想起了他的名言：'天才嘛，那是百分之九十九的血汗，加上百分之一的灵感凑来的。'我没有灵感，更应该用百分之百的血汗来勤奋学习。"

## 2. 总结性结尾

就是把全文的内容加以总结、概括，直接显示、表明主题。

例如，有位同学写《我的爸爸》，先写爸爸是个医生，而业余时间热衷于学习无线电知识，再写爸爸经常利用休息时间帮邻居修理电视机、录音机，却不要报酬，又写爸爸有一次把别人的录音机零件搞坏了，自己出钱去配，文章最后写道："爸爸就是这样一个人，用妈妈的话来说：他是一个只想别人，不想自己的'傻瓜蛋'。可邻居们喜欢他，我也特别喜欢爸爸。"

## 3. 启发性结尾

就是把还要写下去的话停住不写，让读者自己去回味、思考、想象。这种结尾能增强文章的感染力。

例如，有一个同学在《农村的秋天》一文中就是这样结尾的："我们返回城里已经

**读范文学写作**

让妈妈帮你买一些作文书，你可以按照下面的方法来做：把范文的结尾用纸盖住，你读了上文后想一个结尾，然后把纸拿走，看看你想的结尾同原文相比，有什么不同。经过这样的多次训练后，你就可以学习到各种结尾的写法了。

小/状/元/这/样/学

是傍晚了。当我回头望着两边灿烂的晚霞时，心想：郊区农村那金色的田野，在晚霞的余晖中，一定会显得更美丽吧！"

### 4. 呼应性结尾  ★★★

就是在全文结束时，呼应开头，使文章显得结构完整，有头有尾。

例如，一位同学在他的作文《一件纪念品》中，用的就是这种结尾。他在开头写道："在我的小抽屉里，端端正正地放着一枚精致的纪念章。这枚纪念章虽然不怎么显眼，但是一年多来，我一看见它，总要引起我对往事的回忆，想起那个可亲可敬的同学。"结尾这样写："时光如流，日月不居，一晃一年多过去了。可是，这枚凝聚着团结友谊的纪念章，时时勾起我回忆往事，令我想起他——一位令人钦佩的同学。"

除以上这些结尾方法外，还有很多种其他的结尾方法，如号召性结尾、展望性结尾、议论式结尾等。对小学生来说，在写作文的时候到底用哪一种结尾方法，要根据作文内容灵活选用，千万不能生搬硬套。

# 第六章

# 数学课，我喜欢你

数学是一门重要的课程。学习数学可以使我们思考问题时更合乎逻辑、更有条理、更严密精确、更深入简洁、更善于创新……总之，数学对于提高我们的素质有着非常重要的作用。所以我们一定要努力学好它。

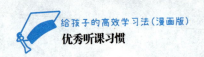
# 36 数学例题要掌握

数学是一门基础学科，也是一门奥妙无穷的学科。对广大小学生来说，数学水平的高低，直接可以影响到其他学科的成绩。可是事实证明，很多同学在初学数学时总会感到力不从心。

那么，怎样才能学好数学呢？

李月玲老师提醒我们：要抓住老师在课堂上对例题的分析与

我的学习故事

数学竞赛第一名！

奖状

你是不是每天泡在题海里啊？

不会啊，我只是特别重视课本上的例题。

讲解。第一，课本上的习题是编教材的老师经过再三考虑挑选出来的，是最具有代表性的题目，值得去做。第二，做课本上的例题可以加深对概念、公式的理解，而且许多试题都是课本上的例题和习题的变体。所以，只要我们抓住例题，学好数学就容易了。

具体来说，学习例题要完成两个过程：

1. 做会的过程。（关键词：抄写、记忆）

准备一个练习本，在做作业之前，把例题抄在练习本上，边写边思考。抄完后，闭上眼睛想一下解题过程。有些地方想不起来，可以看看书。然后，试做一遍，直到自己不看课本能够顺利做出来为止。

2. 提升的过程。（关键词：深入思考）

把课本遮住写出答案后，再翻开课本进行校对，一边校对一边思考：为什么这么做，用到了学过的哪些概念、公式，这道题目有什么特点，自己是怎样思考的，在什么地方容易出错，以后解题时应该特别注意什么。

在这一步，除了看答案是否正确，还要看自己的解题方法和过程与课本中所讲解的

**动动手学得好**

手和脑是相互促进的，学完知识后动动手，可以进一步加深你对知识的理解。比如，在学习千米的认识时，我们可以利用课间的10分钟时间到操场上量出100米的距离，然后走一走，看看有多长。

小 I 状 I 元 I 这 I 样 I 学

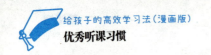

有什么相同或不同，自己解题时有没有漏掉什么步骤，有没有忘记写单位、符号等。

当然，除了课本上的例题，我们还可以做一做平时试卷上具有代表性的题目，比如老师在讲评试卷时重点强调的题目，自己做错的题目等。做好这些题目，可以进一步加深大家对基础知识的理解，让大家在数学学习上更上一层楼。

小/状/元/这/样/学

### 看数学例题的技巧

学好数学，看例题是很重要的一个环节，切不可忽视。在看数学例题时，我们要注意以下几点：

1. 不能只看皮毛，不看内涵。即每看一道题目，就要理清它的思路，真正掌握它的方法，而不要只记题目不记方法。

2. 要把想和看结合起来。就是说，在看例题时，自己先大概想一下如何做，再对照解答，看自己的思路和解答与例题有哪些相同与不同之处，总结经验。

3. 各难度层次的例题都照顾到。虽然例题有现成的解答，但我们也要循序渐进地看，既要看一些技巧性较强、难度较大的例题，也要看一些较容易的例题，这样可以丰富知识，拓宽思路，提高我们综合运用知识的能力。

#  37 让计算速度快起来

做数学题时，怎样才能使自己算得又快又准呢？这显然是没有捷径可走的。因为数学计算水平的提高不可能一蹴而就，主要还是要靠同学们平时练好基本功，这些基本功主要包括以下几个方面：

## 1. 多练习基本口算 ★★★

首先是练习20以内的加减法，要训练到看到算式就能写出得数的程度，并逐步提高计算速度。同时，还要做一百以内的乘加、乘减、除加、除减的口算训练，达到一个很熟练的程度。

## 2. 熟记常用运算式 ★★★

在四则运算中，如果你牢记一些经常用到的算式，可以使你的计算又快又正确。例如：$2 \times 5 = 10$，$4 \times 25 = 100$，$8 \times 125 = 1000$；$\frac{1}{2} = 0.5 = 50\%$，$\frac{1}{4} = 0.25 = 25\%$，$\frac{3}{4} = 0.75 = 75\%$，$\frac{1}{5} = 0.2 = 20\%$，$\frac{2}{5} = 0.4 = 40\%$，$\frac{3}{5} = 0.6 = 60\%$，$\frac{4}{5} = 0.8 = 80\%$；$\frac{1}{8}$

$=0.125=12.5\%$，$\frac{3}{8}=0.375=37.5\%$，$\frac{5}{8}$ $=0.625=62.5\%$，$\frac{7}{8}=0.875=87.5\%$，还有1~20的平方数，等等。把这些常用的数据记住后，就可以使计算简便。如计算 $7.63\times0.625+16.37\times\frac{5}{8}=?$ 就可以写成：

$$7.63\times0.625+16.37\times\frac{5}{8}$$
$$=7.63\times5/8+16.37\times\frac{5}{8}$$
$$=(7.63+16.37)\times\frac{5}{8}$$
$$=24\times\frac{5}{8}$$
$$=15$$

## 不依赖计算器

在谈到计算问题时，优秀教师陈国超老师说："很多同学，平时做题时准确率极高，但这是靠计算器算出来的。用惯了计算器的学生一旦离开计算器，连最基本的运算都会感到困难。这个道理很简单，用计算器只要输入数据，就可以得出结果，中间的运算过程都由计算器代替了，我们看不到运算过程。长此以往，同学们的运算能力自然就'退化'了。"

## 3. 多练习一些速算方法 ★★★

例如，十几乘十几的速算法，速算的口诀是"头乘头，尾加尾，尾乘尾。"如 $12\times14$，速算的方法即：$1\times1=1$，$2+4=6$，$2\times4=8$， $12\times14=168$。这样运算，就能做到又快又准了。

为了训练自己的计算速度，我们还可以给自己安排"天天练"，即每天做10~20道计算题，这样既能提高我们的计算能力，又能做到"温故而知新"，一举两得。

#  38 判断题解答有巧法

为了帮助同学们真正理解所学的数学知识，锻炼思维能力，老师常常会在课上出一些判断题，让大家练习。另外，在考试或测验时，也常有判断题的出现。

判断题只有两种答案，对或者错，似乎很容易。但很多判断题看上去似是而非，常使一些同学感到捉摸不定。

例如，"正方体的底面积和表面积成正比例，对吗？"有的同学看到"底面积"和"表面积"，联想到积一定，两个量成反比例，于是认为这句话是错的；也有的同学联想到正方形的边长和面积，正方体的棱长和体积都不成比例，因此也认为这句话错了。其实，这两种猜测都不正确。我们知道，判断两个量是否成正比例，要看这两个量的比值是否一定，而正方体是由6个面积相等的正方形围成的，因此，正方体的表面积：底面积=6（固定值）。这就可以判定上道判断题的答案应该是"对"。

可见，要正确解答判断题，首先必须把有关知识弄清楚，其次

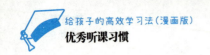
还有必要掌握一定的解题方法。这里，就给同学们举例说明几种比较常用的解答判断题的方法：

### 1. 分析推理 ★★★

即根据有关的数学知识，通过分析推理，作出判断。

例：一个长方体和一个圆锥体的底面积相等，高也相等，这个长方体的体积是圆锥体体积的3倍。（　　）

解答：由长方体、圆锥体的体积公式 $V=\frac{1}{3}sh$，可以看出，当长方体和圆锥体等底等高时，长方体的体积是圆锥体的3倍。所以这道题应该在括号里填"√"。

### 2. 计算求解 ★★★

即根据题目的条件，通过计算等过程，求出正确答案，再作判断。

例：2000年的上半年有181天。（　　）

解答：2000是闰年，二月份有29天，上半年共31×3+30×2+29=182（天）。所以这道题应该在括号里填"×"。

### 图像判断法

有些判断题可以通过画草图或进行实际操作来解决。例如："半圆形的周长是圆周长的一半。（　　）"同学们在解这道题的时候不妨先画一个半圆，然后就可以得出半圆形的周长包括该圆周长的一半加上直径的长度。所以这道题的设问是错误的。

## 3. 寻找反例 ★★★

即从反面思考，看看是否存在与题目所说相反的情况。如果有，只要找出一个相反的例子，就能断定是错的。

例：a是整数，a的倒数是$\frac{1}{a}$。（    ）

解答：因为整数包括0，而0是没有倒数的，所以这道题应该在括号里填"×"。

## 4. 假设验证 ★★★

如果有些判断题无法直接判断，就可以假设一个或几个具体实数，验证结论是否成立，再作出判断。

例：如果甲数的20%与乙数的$\frac{1}{4}$相等，那么甲数小于乙数。（    ）

解答：假设甲数是10，根据题意就能求出乙数是$10 \times 20\% \div \frac{1}{4} = 8$，$10 > 8$，所以这道题目应该在括号里填"×"。

在实际解答判断题时，究竟选用哪种方法，要根据题目的具体特点来决定。有些题目可以用不同的方法来判断，有些题目可以把某两种方法结合起来判断。总之，同学们把这些方法掌握了，做题时再灵活运用，就一定能做好判断题了。

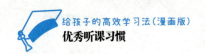

# 39 小数计算"四不忘"

不少同学一学到小数点，就有点犯糊涂了，怎么办呢？

孙栓平老师在教学实践中总结出了小数计算的"四不忘"。经过老师这么一点拨，相信对同学们来说，小数计算就会变得不再那么难了。

## 1. 不忘小数点对齐 ★★★

在小数加减法中，一定要把小数点对齐，小数点对齐了，各个相同的数位也就对齐了，这样才能使计算正确。例如：

$$
\begin{array}{r}
6.78 \\
+\ 34.2 \\
\end{array}\ (×)
\qquad
\begin{array}{r}
6.78 \\
+\ 34.2 \\
\hline
40.98 \\
\end{array}\ (\checkmark)
$$

## 2. 不忘得数中的小数点 ★★★

在平时的练习过程中，有许多同学是把小数点对齐进行计算了，而且计算过程中也没有出现错误，但是在最后得数中却忘了点上小数点，例如：

$$
\begin{array}{r}
94.8 \\
+\ 6.4 \\
\hline
1012
\end{array}
$$

（不能忘记得数中的小数点）

## 3. 不忘添 "0" 或去 "0"  ★★★

在计算小数加减法时，碰到得数的整数部分一个数都没有时，一定要在整数部分及时添 "0"，当得数是小数，且小数末尾是 "0" 时，通常要把 "0" 去掉。例如：

$$
\begin{array}{r}
5.87 \\
-\ 4.92 \\
\hline
0.95
\end{array}
$$

（整数部分要及时添上 "0"）

$$
\begin{array}{r}
6.37 \\
+\ 2.33 \\
\hline
8.7
\end{array}
$$

（得数末尾要及时去掉 "0"）

## 4. 不忘记简便运算  ★★★

在计算过程中，不要忘记简便运算的使用。例如：

17.3+15.6−7.3+4.4

=（17.3−7.3）+（15.6+4.4）

=10+20

=30

以后同学们做小数点的题目时，一边回忆"四不忘"一边做，就一定不会再出错啦！

# 40 列方程解应用题

对于刚接触方程的同学来说，列方程解应用题是很不习惯的，这不仅是因为解方程的格式要求严格，而且还因为列方程的方法不容易掌握，尤其是等式不好找。其实，找等式并不难，它就体现在数量关系中。

王海涛老师有着多年丰富的数学教学经验，他深知列方程解应用题是不少同学的一大难关，为此，他特意总结了找等式列方程的方法，例如：

少年宫合唱队有64人，比舞蹈队人数的3倍少8人，舞蹈队有多少人？

题中数量关系是："合唱队人数比舞蹈队人数的3倍少8人"，根据"……比……少……"的结构分析，我们知道，合唱队人数是大数，舞蹈队人数的3倍是小数，8是差，根据大数、小数、差的关系，我们可以写出三个等式，即：

合唱队人数−舞蹈队人数×3=8

舞蹈队人数×3+8=合唱队人数

舞蹈队人数×3=合唱队人数−8

根据这三个等式，我们就可以列出三个不同的方程。

即：

64−3x=8

3x+8=64

3x=64−8

**当然，某一数量的两种求法也可以组成一个等式，例如：**

一个食品店把8千克单价为6.5元的水果糖和4千克单价为8元的奶糖混合拌匀成杂拌糖。这种杂拌糖每千克多少元？

在这道题中，我们可以把两种糖的总价相加得到这种杂拌糖的总价；也可以用杂拌糖的单价×杂拌糖的重量得到这种杂拌糖的总价。求杂拌糖的总价有这两种方法，那么列方程解答这一道题目的等式为：

杂拌糖的单价×杂拌糖的重量=水果糖的总价+奶糖的总价

如果设这种杂拌糖每千克为x元，可列方程为：

（8+4）x =6.5×8+8×4

**怎么样，像这样找等式不难吧！找好等式就会列方程解应用题了。**

4¹ 画图解应用题

大家有想过给应用题来一个"大变身"吗？就是把题目变成"图表""图形"，直观地帮助我们解题。

例如，在学习"三角形的高和底"时，如果老师不出示图形，我们是很难理解的，当老师在黑板上画一画或者我们亲自动手画一画时，就能很快地理解三角形的"高"和"底"了。

那么，我们该怎样给应用题"大变身"呢？下面就通过例题来一一说明。

例1：一场音乐会的票价有40元和60元两种。其中，60元的有100个座位，40元的有250个座位。票房收入为15000，问观众有多少人（已知两种票售出的都是整十数）？

这道题目如果用一般的方法解答，肯定有一定的困难，如果用列表法来解答，答案就可以清清楚楚地表示出来了。

### 观众可能有的人数情况表

| 票价 | 张数 | 票价 | 张数 | 总价 | 结果 |
|------|------|------|------|------|------|
| 40 | 250 | 60 | 100 | 16000 | × |
| 40 | 250 | 60 | 90 | 15400 | × |
| 40 | 240 | 60 | 100 | 15600 | × |
| 40 | 240 | 60 | 90 | 15000 | √ |

除了列图表，我们还可以用其他图形来表示。

例2：妈妈买来一袋橘子，分给爷爷6个后，还剩下了 $\frac{1}{2}$ 还多 4个，那么，妈妈一共买回来多少个橘子？

同学们可以画一个圆表示一袋橘子，然后，画一条直线，把圆分成两半，每个半圆就是 $\frac{1}{2}$，表示整袋橘子的一半。在其中一半中，画出爷爷的6个，还有4个表示"剩下的 $\frac{1}{2}$ 多4个"。

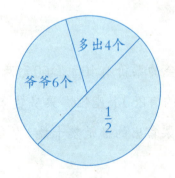

通过上述例子，下次再遇到难解的应用题时，画一画图就能把这块绊脚石清理掉了！

# 42 细心审题多重要

数学课上，老师经常提醒我们要细心审题。因为，在解题时，审题是非常关键的一步，我们既要看清条件，又要理解问题。对于一些看似差不多的题目，更要细心分析，找出异同，正确解答。只有这样，我们才能在神奇的数学王国里尽情遨游。

下面我们就来看一看，审题需要注意哪些具体方面：

## 1. 注意"单位"是否统一 ★★★

例1：一个长方体的长为5米，宽为4米，高为3米，它的体积是多少立方米？

例2：一个长方体的长为5米，宽为4米，高为3分米，它的体积是多少立方米？

例1和例2只差了一个单位名称，例1中长宽高的单位已经统一，而例2中的单位还没有统一，因此在解法上就有差异了。例1的算式是：5×4×3；而例2则应先行统一单位，3分米=0.3米，

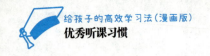
再列算式5×4×0.3。

## 2. 注意"标点"不同  ★★★

例3：一辆汽车从甲城到乙城，每小时行驶40千米，4小时正好行驶了全程的25%，余下的行驶了10小时，平均每小时行驶多少千米？

例4：一辆汽车从甲城到乙城，每小时行驶40千米，4小时正好行驶了全程的25%。余下的行驶了10小时，平均每小时行驶多少千米？

例3与例4中有一个标点符号不同，所求的问题也完全不同。例3是求（4+10）小时平均每小时行驶多少千米，算式是40×4÷25%÷（4+10）；而例4是求余下的10小时平均每小时行驶多少千米，它的算式是：40×4÷25%×（1-25%）÷10。

## 3. 注意"符号"差异  ★★★

例5：计算550÷25÷4。

例6：计算550÷25×4。

例5与例6只有一个运算符号之差，容易看出25×4=100，但是550÷25÷4=550÷（25×4）≠550÷25×4。因此，例5可以用简便运算，它的解法是：550÷（25×4）=550÷100=5.5；例6的解法则是550÷25×4=22×4=88。

## 4. 注意"一字"之差 ★★★

例7：列式计算：

①$\frac{4}{5}$与$\frac{1}{2}$的和除以它们的差。结果是多少？

②$\frac{4}{5}$与$\frac{1}{2}$的和除它们的差，结果是多少？

题①与题②只有一字之差，被除数与除数就要互换位置，解法也不一样了。题①的算式是$(\frac{4}{5}+\frac{1}{2})\div(\frac{4}{5}-\frac{1}{2})$；而题②的算式是：$(\frac{4}{5}-\frac{1}{2})\div(\frac{4}{5}+\frac{1}{2})$。

## 5. 注意"一句"之别 ★★★

例8：粮仓有大米100吨，比小麦的2倍还多20吨，小麦多少吨？

例9：粮仓有大米100吨，小麦比大米的2倍还多20吨，小麦多少吨？

例8与例9中有半句话不同。例8是大米比小麦的2倍还多20吨，例9是小麦比大米的2倍还多20吨，题意完全不同，它们的解法应分别是$(100-20)\div2$和$100\times2+20$。

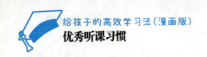

43 **用线段图解题真省力**

苗苗的语文、英语成绩都不错，就是数学成绩不太好，其中应用题是最让他头疼的，尤其是应用题中的数量关系，他总是分不清。

比如，这样一道题目：甲乙两地的距离是60千米，甲乙之间的距离是乙丙距离的3倍，问乙丙之间的距离是多少千米？

苗苗想了好久，都不知道应该是60×3，还是60÷3？

聪明的同学们，你知道这道题目应该怎么做吗？对了，应该是60÷3=20（千米）。

其实，这样的应用题解答起来非常简单，只要把抽象的数字变成形象的线段图，就可以得出答案了。

下面，我们就通过具体例子学一学如何通过画线段图解题吧！

例1：小明家在学校东205米，小康家在小明家正西85米，小康家离学校多少米？

读完题目，可能就有同学开始疑惑了，究竟是（205+85）米，还是（205-85）米呢？这时候我们就需要借助线段图来解题了。

画线段图时，我们可以先确定方向，比如向右为东，向左为西，再确定学校的位置。小明家在学校正东205米，那么画线段图时，小明家就在学校的右边，小康家在小明家正西85米处，在图上小康家在小明家左边，如图：

学校　　　　　小康家　小明家

从图上我们可以清楚地看出，小康家在小明家与学校的中间，小康家离学校比小明家离学校近，所以可以得出小康家离学校的距离为205-85=120（米）。

例2：工厂里有男工人8人，女工人数是男工人数的4倍，女工有多少人？

在这一题中，同学们画图时，可以先画一条线段表示已知条件，男工人数8人，再画一条线段表示女工人数。如图：

一定要审清题

数学语言的表达往往是十分精确的，所以我们审题时，要仔细看清题目中的每一个字、词、句，只有领会了确切的含义，才能找对解题的方法。

小/状/元/知/识/窗

男工人数：_____（8人）

女工人数：_____（男工人数的4倍）

从图上就可以清楚地得出女工人数为8×4=32（人）。

画线段图是帮助我们分析数量关系的一种非常有效的方法，既可以提高我们的解题能力，又可以提高解题的准确性。但是，有很多同学认为画线段图是比较难的解题方法，到高年级时再学习也不迟。

其实，这种想法是不正确的。如果我们现在没有画线段图的基础，到了高年级需要画线段图解题的时候，就会画不出来或画不正确，解题效率也就大大降低了。所以，我们画线段图的能力应该从现在开始培养，从简单题入手，打下坚实的基础，到高年级时就能如鱼得水，应用自如了。

小/状/元/这/样/学

**应用线段图解答应用题有什么作用**

1. 借助于线段图解题、表示题目中的数量关系，更直观，形象，具体。

2. 借助线段图，可以化难为易，判断准确。有的应用题，数量关系比较复杂，难以理清，借助线段图可以准确地找出数量间的对应关系，很容易解出要求的问题。

3. 借助线段图，可以化繁为简，有些应用题数量较多，数量关系会容易感觉比较乱。

# 44 我有一个改错本

说到"改错本"，姚文杰同学说："我的数学测验常常得100分，其他同学问我有没有什么窍门，我告诉他们，我有一个'改错本'，它帮了我的大忙。

"以前，作业本或测验试卷发下来的时候，我只看老师打的等级或分数，从来不考虑错在哪里，为什么错，怎么改正？结果每次测验，不是这里错点儿，就是那里错点儿，总是得不到满分。

"有一次，数学老师对我说：'我们学习知识要真正学懂知识，不能只看等级和分数，题目做错了，应该认真分析错误原因，因此，我建议你们每人都准备一个改错本，把错题抄下来，找出错误的原因，并且认真订正。'

"从此以后，我就准备了一个小本子，只有掌心那么大，我在小本子上面端端正正地写上三个字'改错本'。具体做法如下：

第一步，每学期开学时，准备一个练习本，在封面上写上

'错题本'。

第二步，每一道错题要"登记"以下栏目，例如：

①易错题目：408×101

②错误解答：408×101

$$=408×100+1$$

$$=40801$$

③分析原因：对乘法分配率理解及运用有误。

④正确解答：408×101

$$=408×100+408×1$$

$$=41208$$

⑤教训启示：理解记忆并正确运用乘法分配率：A×（B+C）=AB+AC

**把错因写清楚**

在分析错题的时候，一定要把出错的原因写得十分清楚：是因为概念不清还是因为计算过程出错。只有将题目出错的原因查清楚、弄明白，才能从错题中吸取教训，不断进步。

"每当作业本和试卷发下来时，我总是这样认真分析，把错题抄在'改错本'上，仔细分析错误原因，在错的地方用红笔标上记号，并认真订正，这样坚持下来，我的数学测验成绩常常都是100分。"

最后，姚文杰同学还说："平时一定要经常多翻一翻'改错本'，尤其是在考试前，对易错、常错的题目一定要多看、重点看。"

# 第七章

## 噢！
## 英语课开始了

　　一位语言学家说："学习外语的最佳年龄是10~12岁。"这正是我们小学学习阶段，如果这个时期不学好外语，以后我们学习外语的困难就会很大。现在，英语课开始了，同学们一起快乐地迈进课堂吧！

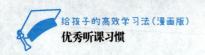

 # 45 英语预习很重要

古人在行军打仗的时候，有准备的一方总是能够占据上风，这是因为他们在打仗前已经做足了准备，把战争中可能出现的各种问题都考虑到了，所以在面临对手时能够胸有成竹，应对自如。大家学习中预习时也是一样，也要事先做好准备。

小学生在刚接触英语时，都会感觉有点吃力，觉得很难，这就更需要同学们通过课前预习来做到心中有数，然后在听课时你就可以心中有数，专心地听讲了，这样，也提高了听课的趣味性和积极性。

具体来说，同学们可以按照这样的顺序预习英语：

## 1. 阅读一遍课文

阅读一下明天要学到的课文。在阅读的过程中，把没有学过的单词标出来。

## 2. 看一遍单词

把标记的单词根据词汇表的音标读一读，没有把握读好的，也要做个记号，然后大概了解一下其他词义。

## 3. 标记疑难处

在预习的时候，不仅要把自己的心得写下来，还要把自己没有弄懂的难点、易混淆点标记下来，在课堂上加以注意。

## 4. 适当做一些课后习题

预习之后，可以用一些练习题来检验一下预习的效果，这样可以巩固和深化预习过的知识，让自己对新知识的理解更深一些。如果有的习题你没有办法解答，也不要紧，做个记号，这样可以起到提醒自己注意的作用。

预习的好处还有很多，例如可以培养你发现问题、解决问题的能力，提高独立性，减少对老师的依赖性。所以在上英语课前，预习这一环节是不容忽视的。

**以听、读为主**

小学英语的预习方法应以听、读为主，努力发现自己容易读错的字母、单词和不懂的句子，听录音后能及时纠正时就及时纠正，弄不懂时记在预习笔记本上，在听课时再细听老师讲。

小 / 状 / 元 / 这 / 样 / 学

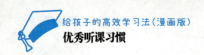
# 46 课堂上的<br>单词记忆法

大家都知道一幢大厦是怎么建起来的吧？先是有一个框架，然后靠着一砖一瓦慢慢地建起来。学习英语也如同建大厦，单词是砖瓦，语法是框架，课文是整体。就是说，会背单词、掌握语法、读懂课文是学习英语的三要素，而记忆单词则是学习英语的基础。

对于我们小学生来说，单词、句型只有记住了才能去应用，才能看懂课文。只有针对记忆内容，采取灵活多样的记忆方法，记忆效果才能提高。

在英语课堂上，同学们可以尝试以下几种记忆方法：

## 1. 编儿歌记单词 ★★★

儿歌朗朗上口、通俗易懂，同学们一定也喜闻乐见。

例如，在学到"Bicycle"一课时，同学们就可以跟着老师一起朗读儿歌："一按bell丁零零，坐着seat稳当当，tire tire充足气，wheel wheel快快跑，chain chain不要掉。"当同学们兴致勃勃地朗读这段儿歌时，一定很快就能记住车铃bell、车座seat、轮胎tire、车轮wheel、车链条chain这几个单词，整堂课的学习过程都生动、有趣。

又如，在学到小动物名称时，五年级的杨光同学就编出了这样的一首儿歌："cat cat喵喵喵，dog dog汪汪汪，chicken chicken叽叽叽，duck duck嘎嘎嘎，sheep sheep咩咩咩，cow cow哞哞哞。"杨光一边朗读一边还配以适当的动作，课堂气氛一下子就活跃热烈了。同学们听着觉得有意思，也跟着杨光念。念了几遍之后，很多同学都能准确地说出cat, dog, chicken, duck, sheep, cow这几个单词，并准确地掌握了中文意思。

## 2. 归纳法记单词 ★★★

我们可以将学过的英语单词根据词义进行归类记忆，例如，球类：basketball, soccer, football, ping-pong；植物类：flower, grass, tree；交通工具类：bicycle, truck, car, bus等。在老师讲课

**不死记单词**

著名英语专家许国璋教授说："不要单独死记生词，而要结合词组或句子去记。"例如，记book这个词，可以用一列词组和句子去记：a new book/a long book/a short book/an interesting book/The book is not very interesting./Can I have a look at the book?

小 / 状 / 元 / 这 / 样 / 学

的时候，我们可以一边学习新单词，一边回忆学过的单词一起记忆，这样就起到了归纳总结的作用，学过的单词都不容易忘记了。

## 3. 全方位运动记单词 ★★★

所谓全方位运动，主要是指当我们遇到一个具体单词时，通过添加或改变字母的方式向该词的左向、右向、上方和下方扩展词汇，例如：

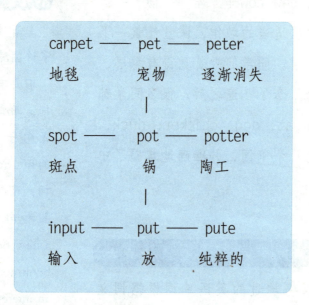

| carpet —— | pet —— | peter |
|---|---|---|
| 地毯 | 宠物 | 逐渐消失 |
| | | |
| spot —— | pot —— | potter |
| 斑点 | 锅 | 陶工 |
| | | |
| input —— | put —— | pute |
| 输入 | 放 | 纯粹的 |

这样记单词，能收到事半功倍的效果，你一定会成为一个英语高手！

# 47 正确使用英语介词

先让大家做一下这几道题目，把in, on, at这几个英语介词填进去：

My uncle came here ___ nine o' clock last night.

The story happened ___ March 5th 1949.

His brother was born ___ July 1975.

答案顺序依次是：at, on, in。你填对了吗？

很多英语介词的意思相同，到底该选择使用哪个，如何正确使用呢？这会令不少同学犯糊涂。

在英语中，基本介词虽然数量不多，但用法灵活，搭配繁多，掌握起来比较困难。在学习介词时，理解介词的基本含义后，你可以采用如下几种方法来学习介词：

## 1. 熟练背诵介词短语

单纯记一个介词的意思和用法比较困难，但通过记忆介词与其他词构成的介词短语，来掌握介词用法就容易得多。如：at four, in the morning, on Sunday, from morning till night, over the radio, in front of the building等。

## 2. 记住一些特殊用法 ★★★

掌握一般规律，牢记特殊用法，这也是学习英语时的一个重要技巧。例如，表示上午、下午、晚上，一般说：in the morning, in the afternoon, in the evening, 这里的介词要用in；但表示在夜间、在中午等，却用介词at, 即：at night, at noon；表示使用某种交通工具时，一般要用介词by，如：by bike（骑自行车）, by boat（乘坐小船）, by ship（乘轮船）, by train（乘火车）等。

## 3. 掌握一些固定搭配 ★★★

在学习英语介词时，介词与其他词，尤其是名词、动词和形容词构成的固定搭配，在实

### 英语介词儿歌

年、月、周前要用in，日子前面却不行。

遇到某天要用on，上、下午晚上又是in。

要说某日上下午，用on换in才能行。

at用在夜晚、时间前，说"差"要用to来顶。

说"过"要用past，多说多练记真经。

小／状／元／这／样／学

际应用中非常重要，要作为一个整体来掌握，就像学习汉语成语那样牢记。

（1）和名词构成的固定搭配。如：by the way（顺便说一下），for example（例如），on one's way to（在去……的途中），with one's help（在某人的帮助下）。

（2）和动词构成的固定搭配。如：belong to（属于），hear from（收到……的来信），take care of（看管，照料），work hard at（努力于……，致力于……）。

（3）和形容词构成的固定搭配。如：be angry with sb.（生某人的气），be different from（和不同……），be afraid of（害怕），be late for（干……晚了，迟了）。

## 4. 通过比较掌握异同 ★★★

有比较才有不同，通过比较可以抓住事物"同中之异"和"异中之同"。在学习英语介词时，更要注意使用这种方法。例如，下面这组介词就可以通过比较法来辨别它们之间的差异。

besides 除……之外，还有

except 除……之外，没有

There are five people in Lucy's family besides Lucy.

除了露西之外，露西家里还有五口人。（共6人）

All the students in the class except Lucy passed the exam.

除了露西以外，全班同学考试都及格了。（只有露西不及格。）

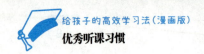

# 48 提高英语口语的8种途径

你想说一口发音纯正的英语吗？

很多同学会毫不犹豫地说："当然想了！每次上课时，老师用纯正的英语念课文的时候，心里甭提多羡慕啦！"

的确，纯正的发音是每个英语学习者都梦寐以求的事情，可是，如何才能练就一口纯正的英语发音呢？在英语口语方面，余晓叶同学有不少心得，她根据自己的学习经历，为大家总结了八种提高英语口语的途径：

途径一：可以和同学组成一组"口语伙伴"，利用课间或放学后的时间，每天练习15~20分钟，内容可以是当天学过的课文，也可以是生活中发生的一些有趣的事，或者是社会上发生的一些大事情，不会的单词可以回家通过查字典，再记在你的小单词本上。

途径二：周末参加英语角、英语沙龙，去与社会各阶层人士包括外籍人员用英语聊天。

3．途径三：向你的英语老师提议建立英语值日生报告制度，每节课由一个同学用英语向大家做展示，选择同学们最感兴趣的话题去讲，并按照话题积累不同的相关词汇与句型。

4．途径四：积极参加课堂上老师布置的英语对话、提问、小组活动、讨论、表演等练习口语的环节。

5．途径五：选择一套经典的教材，背诵其中最精彩的文章，或抽出一定时间朗诵、背诵经典的英语课文，这样既可以应对考试，又可以练习口语，可谓是一举两得。

6．途径六：背诵一定数量的经典英语文章，尤其是名人演讲，注意模仿地道的英语语音语调以及肢体语言，并用心体验文中的思想和情感，学习伟人或名人的思想，同时分析文章的结构、句式，为自己以后写演讲稿打基础。

7．途径七：背诵美丽的英语诗歌，如果感兴趣可以进行配乐诗歌朗诵，培养语言的节奏感和韵律感。

8．途径八：利用节假日或寒暑假，报名参加口语培训班。在那里不仅可以练习英语口语，而且可以学会与他人交流，拓宽视野，结交朋友。


在英语学习中，口语是一项专门的知识，又与单词的拼写、构词法及句子的语法都有着密切的联系。只要我们掌握了一定的口语知识，也就拿到了打开英语大门的钥匙。所以，学习英语必须从学习英语口语开始。

# 49 "6W1H"阅读法

英语阅读既是英语考试的重要内容，也是运用英语的主要能力之一，所以老师经常会在课上强调：要提高英语水平，就必须做好阅读。

卢苗苗同学在英语阅读方面很有经验，她是怎样进行阅读的呢？卢苗苗告诉我们："想要准确、高效地做好英语阅读，其实只需要每次解决'6W1H'的问题就可以了。"

什么是"6W1H"呢？即"who, what, which, where, when, why, how"。下面就通过一篇小短文来实践一下，大家尝试着将空格里的内容补充完整。

## I Don't Want to Walk Home

Tom is a very old man. After dinner, he likes walking in the street. And he goes to bed at seven o'clock.

But tonight, a car stops at his house. A policeman helps

him get out. He tells Tom's wife, "The old man couldn't find his way in the street. He asked me to take him in the car."

After the policeman leaves there, his wife asks, "Tom, you go to the street every night. But tonight you can't find the way , what's the matter?"

The old man smiles like a child and says, "I couldn't find my way? I didn't want to walk home. "

| Who 谁 | What 事件 | Which 选择 | Where 地点 | When 时间 | Why 原因 | How 方式 |
|--------|----------|-----------|-----------|----------|---------|---------|
|        |          |           |           |          |         |         |

怎么样，通过"6W1H"的方法阅读后，你是不是觉得英语文章读起来一下子简单了许多？

小/状/元/这/样/学

**忽略法**

在阅读的过程中，难免会遇到生词、难句。此时，我们应该多从文章的总体篇章结构入手，越过少量生词、难句所造成的阅读障碍，领会文章的主体思想，之后再将生词、难句弄懂。

# 50 阶梯式 作文训练

常琴琴老师认为："小学生要想写好英语作文，需要一步一步地锻炼，先要熟悉单词，再用单词组词，之后才能把句子组合到一起，构成一篇完整的文章。"

常老师将这种方式称为"阶梯式训练法"，它等于是给了同学们一根拐杖，可以大大降低写作时的难度，在很大程度上提高大家对写作的兴趣，帮助大家锻炼写作能力。

现在，我们就开始进行"阶梯式"作文训练吧！

## 1. 模仿课文中的片段 ★★★

例如，在课本中关于节日的描写："Children's Day is on the first of June. Children all like Children's Day very much. On that day children do not have classes. They can sing and dance in the school. They usually have a party."
同学们可以结合这段描写，自己仿写国庆、春节等节日的作文。

又如，我们还可以根据相关的话题内容进行改写，如教材中 "Insects are our good friends." 我们可以改写为 "Animals are our good friends." 这样既可以使同学们熟悉被模仿的课文内容，还可以给同学们提供有效的写作指引。

### 2. 根据图片情景

通过看图可以充分发挥自己的想象力，结合自己的实际生活创编对话，在符合情景的条件下把自己看到的、想到的、有意义的内容，用文字自由地表达出来。

比如，有这样一幅图：操场上有很多小朋友，有的在放风筝，有的在踢足球，有的在骑自行车。那么，我们可以选择儿童节做主线串联整幅图，这样来写：

"On Children's Day, the students don't have classes. They are playing in the playground. Some of them are flying kites, some boys are playing football, two girls are riding bikes. They are very happy today!"

在刚开始接触看图写作文时，同学们可以选择一些生动的、活泼的图片来练习，让自己有话可写。选择的图片要尽量贴近我们的生活，让自己有话可写。这样，我们的书面表达能力就会慢慢得到提高。

## 3. 结合实际发挥想象 ★★★

结合我们的实际生活，创造一个积极的、富有想象力的作文主题，充分发挥自己的思维能力，让自己具有写作的愿望，而不是为了应付老师的作业而写作。

例如，根据自己的家庭，写一篇"My family"的作文，从家庭成员、年龄、职业、兴趣爱好等方面出发，然后开始写作。

"My father is a worker. He has a busy day on Monday. He gets up earlier than all of us. He goes to work at seven o'clock. He has his lunch in his office. He comes home very late in the evening. He has no time to watch TV everyday."

总而言之，英语作文和语文作文一样，都要结合生活经验通过我们的想象，自由地创作，把自己的思想用优美的语言表达出来。

在每学完一个单元后，大家还可以通过总结、归纳，围绕一个人、一件事、一个动物写一篇短文，在写作内容和语言形式上发挥自己的想象力，进一步提高自己的写作能力。

# 51 英语作文"四注意"

I very like you. I like with you together.

In the classroom have a girl.

You went out only can take bus or by bike.

……

在写英语作文的时候，你会不会出现上面这些汉语式的英语错误呢？其实，写好英语作文除了要掌握正确的写作方法外，还应该注意几个基本问题，这样才能写出一篇完美的作文。

## 1. 单词拼写要正确 ★★★

很多同学平时不注意记单词，或者记单词的方法不正确，因此，在作文中经常会出现单词拼写错误、字母颠倒的情况，这在很大程度上影响了作文的得分。为了避免此类错误的出现，平时我们就要在记忆单词方面多下功夫。

## 2. 正确使用单复数

有些同学单复数区分不清，该用单数的时候用了复数。对于这样的错误，我们可以通过多做一些填空题来加以克服。

## 3. 注意人称问题

有些同学会出现人称代词和系动词的搭配错误，如："I is in the teacher's office."

## 4. 用准时态

时态错误主要表现在以下两个方面：

（1）有些同学在写作之前没有判断整篇文章主要用哪种时态，常出现该用一般现在时的句子用了一般过去时，而该用将来时的句子用了完成时，将完成时态和一般过去时态混淆，等等。

（2）由于对时态掌握得不够彻底，有些同学在写作时，将所学的各种时态混淆，常常出现如下错误："I go to the park tomorrow; we become good friend for a long time."所以，我们在动笔写作之前，就应该先确定文章应该用什么时态，在写的过程中要记得把句子读一读，以免出现时态混淆的情况。

# 第 八 章

# 这样的笔记真管用

俗话说："好记性不如烂笔头。"课堂上只有45分钟，老师要讲那么多的内容，要想全都记住，除了用脑子以外还得准备一个笔记本，记下老师讲的提纲以及重点内容，以便日后复习。那么，课堂笔记该如何记？都记些什么？如何处理课堂上听讲与记笔记的关系呢？

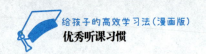

# 52 笔记是
# 我们的好帮手

　　一位心理学家以大学生为实验对象做了一组实验。首先，他将大学生分为三组，每组以不同的方式进行学习。甲组称为"摘要组"，要求他们一边听课，一边摘出要点；乙组为"看摘要组"，要求他们在听课的时候，只看已经列好的要点即可，无须自己动手写；丙组为"无摘要组"，要求他们只听课即可，无须写，也不用列出要点。

三组人一起听一堂课之后，心理学家对所有的学生进行了检查，检查结果表明，甲组同学的平均成绩最好，乙组次之，丙组成绩最差。

由此不难看出，对于同一时段的学习，做笔记同学的成绩比不做笔记同学的成绩更好。这是为什么呢？简单来说，做笔记有如下几点好处：

## 1. 有助于提高注意力 ★★★

记笔记能够使我们在听课时保持一定的紧张度，把注意力集中在课堂上，保证自己紧跟着老师的讲课思路。相反，如果光听不记，则有可能使注意力分散到和学习无关的地方。

## 2. 有助于积累资料 ★★★

老师在上课的时候，常常会讲到一些课本上没有的东西，如课文的中心思想、写作技巧、解题思路和学习经验总结、典型例题等，把它们记下来，不仅能够增加知识积累，更有助于总结学习方法。

### 名人笔记趣谈

古往今来，名人大都十分注意做笔记，并且有的笔记颇有风趣。唐朝著名诗人李贺7岁就能即席赋诗。据说，他为了收集创作素材，经常是天没破晓就出门，身上背个破旧锦囊，骑着小毛驴，到处游历，观察生活。每当触景生情或者想到好的句子，就随手记在纸上，然后放入锦囊。等晚上回到家中，就点上灯，把锦囊里的纸条全部取出来，然后把零散的诗句加工成一首首完整的诗。

小 l 状 l 元 l 这 l 样 l 学

### 3. 有助于课堂理解

记笔记的过程也是一个积极思考的过程，可调动眼、耳、脑、手一齐活动，促进了对课堂讲授内容的理解。

### 4. 有助于复习和记忆

一堂课下来，即使再聪明的同学，最多也只能回忆课堂内容的大概结构，大部分细节很快就会被淡忘，特别是那些资料性比较强的内容，如图表、数字、公式等，更容易遗忘。如果在听课的同时记下讲课的纲要、重点和疑难点，用自己的语言记下对所学知识的理解和体会，这样，复习时对照着笔记进行，既有系统、有条理，又会觉得亲切熟悉，所以在复习的时候也会事半功倍。

笔记是我们学习的一个好帮手。实践证明，记课堂笔记对我们的整个学习习惯和学业成绩都有很大的促进作用。因此，记课堂笔记不失为一种良好的学习习惯和有效的学习方法。

# 53 不做文字搬运工

据说，俄国的生理学家巴甫洛夫有一次在上课时，发现台下有个学生头也不抬，十分紧张地记笔记。他马上中断了讲课，对这个学生说："你在写什么？亲爱的先生，你打算当速记员、秘书，还是当科学家、生理学家呢？"

巴甫洛夫对这个学生的尖锐批评告诉我们：做课堂笔记时，必须知道笔记到底该记什么，而不是像一个"文字搬运工"，一股脑儿地把老师在黑板上写的知识，全搬到自己的笔记本里。否则，只会让我们上课时手忙脚乱，下课了还是一知半解。

一般来说，课堂笔记应该着重记下面这些内容：

1. 记老师的讲课提纲，这包括老师的讲课重点、难点，知识结构和相互关系。比如，语文课要记住课文的时代背景、写作特点及一些关键词语；数学课要记住老师的解题思路和方法技巧，以及每个知识点之间的联系、区别和应用；英语课则应该记

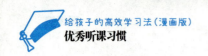

住每个词汇的具体用法等。

2．记老师讲课中有启发性的观点和典型事例；老师反复强调的重要问题、容易搞错的地方；在分析问题过程中，老师在黑板上画的图形、表格、文字说明、关键词语、有说服力的数据，以及老师独到的见解，一定要尽量记下来。

3．记下自己的学习心得。在听课过程中，自己对解决某个问题有启发意义的思考、不同的解题思路和方法，特别是最简便易行的解题办法，还要简要记住还没有听懂的问题，以便课后把它弄清楚。

4．记下来自同学的信息。对于某一个问题，记下来自同学的精彩回答，以及分析问题、解决问题的主要方法和思维过程；记下小组讨论时，同学发表的独特见解等。

总之，同学们要知道课堂笔记记什么，不要眉毛胡子一把抓。

**借鉴他人笔记**

知识是共通的，每个人记笔记的着重点不同，如果发现笔记中有漏记的问题，你可以参看其他同学的笔记，找到漏记的内容，把它补充到你的笔记本中。

小／状／元／这／样／学

# 54 语文笔记这样记

学习的科目不同，记笔记的方式也不一样，因此，我们不能把同一种记笔记的方式运用到所有的科目中。下面，我们首先来谈谈语文笔记该如何记。

## 1. 记重点字词

对于常见成语中的个别字义的解释如何记录呢？有许多以成语做标题的寓言故事，这类词语不但要懂得意思，还要能解释清楚个别字的意思。如"叶公好龙"的"好"的解释，同学们可以直接在"好"的下面记录"爱好"；"拔苗助长"中的"拔""助"，也可以直接在这两字下面分别写上"拔高""帮助"。这样，既很清楚地记录了字的意思，又能依据字义读懂词语的意思，有效地提高了记笔记的速度。

### 2. 记录好词语

　　积累性的词语如何记录呢？在学习过程中，小学生常常遇到以前学过的词语要归类积累。例如学完《雅鲁藏布大峡谷》一课后，学到了许多景物描写，如"云遮雾涌""皑皑雪山""涓涓细流"等。又如学完《我的战友邱少云》一课后，也有很多重点词语，如"纹丝不动""潜伏隐蔽""烈火烧身"等。在上课的时候，同学们一边听讲一边把这些词语标上着重符号，自己在课下复习的时候会一目了然，非常清晰。

### 3. 随文记录

　　给课文分段、概括段意，是大家读懂课文，提高写作能力的重要过程。该怎么记笔记呢？例如，在学习《让马》一课时，老师先把板书内容写了下来：

　　第一段：（1~2节）写贺龙带警卫前进的过程中发现了受伤的小战士。

　　第二段：（3~6节）写贺龙亲自为小战士包扎。

　　第三段：（7~9节）写贺龙第一次为小战士让马。

　　第四段：（10~14节）写贺龙第二次为小战士让马。

　　同学们可以根据划分段落的位置，把每个段落的段意挤写在每段末尾的空档里。这样，每次读课文时，我们自然就可以注意到文章的段落层次及主要意思。

# 55 数学笔记 "动"起来

所谓"数学笔记"，我们也常常把它叫作"数学小论文"或"数学日记"等，是用自己的语言来表达，记录数学学习的心得、体会、发现等，这种记录十分有价值，可以展现有趣味的数学，使枯燥无味的数学学科"活"起来、"动"起来，从而提高我们上数学课的兴趣。对于我们小学生来说，数学笔记用图表和文字整理（数学日记）的形式记录都很有趣。下面我们就来看一看这些优秀小学生是怎么样记录数学笔记的吧。

今天，妈妈交给我一项特殊的任务：和爸爸去买菜，由我来算账。4元一斤的猪肝买两斤，鸡蛋2元5角一斤买四斤。4×2=8（元），2.5+2.5+2.5+2.5=10（元），8+10=18（元）。今天的账都是我算的，爸爸夸我是他的小帮手，我的心里别提多高兴了！

——二年级（1）班 钱书荟

爸爸从新华书店给我买来一本《奥林匹克训练》，一拿到我就开始做了。今天，爸爸问我："婷婷，到现在为止，你已经做到第几页了？"我说："我做到35页了！"爸爸又说："如果每天都做5页，还要几天能做完呢？"我看了看书的最后一页，标着"90"。我想：90减35还有55页，55里有几个5呢？不一会儿，我就算出答案来了，对爸爸说："我11天就能做完了。爸爸你说我算得对吗？"爸爸笑着说："非常正确。"

——三年级（2）班　冯婷婷

今天上课学了直线、射线、线段，在读它们的概念的时候，我总是容易糊涂，放学后在妈妈的帮助下，我画了一个表格，然后把它们填进去，可以一眼看出它们的区别，就不那么容易糊涂了。第二天，老师同学都说我的图表做得很漂亮，我都开心坏了。

| 项目\名称 | 区别 | | 联系 |
|---|---|---|---|
| | 端点 | 长度 | |
| 直线 | 无 | 无限长 | 线段是射线与直线的一部分，射线是直线的一部分。 |
| 射线 | 一个 | 无限长 | |
| 线段 | 两个 | 有特定长度 | |

——四年级（1）班　刘聪

数学笔记持之以恒地记下去，数学成绩自然就会上一个台阶。

# 56 英语也要做笔记

英语也要记笔记？

没错，记英语课堂笔记，是我们学习英语过程中不可缺少的一个环节。因为在课堂上，老师讲解的知识都可以初步接受，但是到了课后就会渐渐地遗忘。因此，要想学好英语，记好英语课堂笔记就非常重要。

那么，英语课堂笔记究竟应该记什么呢？

## 1. 注音标，标重音 ★★★

每单元的英语课文都有不少生词和容易读错的英语单词。另外，有些英语单词做名词和动词的发音不同，如record（*n.*）和record（*vt.*）。因此，同学们应该将英语音标和重读音节记在单词上边，在朗读课文时重视所注的音标和重读音节。这样，一旦把课文读熟，那些单词的正确读音也就熟记在心了。

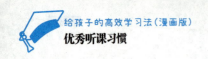

## 2. 写释义

英语中有不少多义词、短语和难句，需要用简单的英语或汉语来解释。如：quarrel争吵（to argue or disagree angrily with someone），fortune财富（great wealth）。在学习课文的过程中，同学们要注意注释的重点是一些比较难的名词、短语和重点句型。注释的文字尽可能记在被解释的单词旁边，以便在阅读课文时方便看到。

## 3. 画重点

在课文中，可以用"★"标出新句型，用"▲"标出旧句型，用"○"标出介词或冠词，用"◆"标出新的短语和词组，用"＿＿"画出课文中的关键句。这样在阅读课文时，就能引起自己的重视。

## 4. 补缺

英语词汇表对某些单词和词组的解释不够全面，有些只讲了名词的意思，而未说明做动词、形容词的意思。这时，你应该

**情境法练听力**

我们可以在起床、吃早餐晚餐甚至洗澡的时候播放英语磁带，不限哪个单元、哪篇课文、哪段对话，也不要求自己全部听清听懂。我们一边听，一边穿衣、刷牙、洗脸，不知不觉地就融入英语环境中了，这样做既让自己听得很轻松，也能培养语感。

小/状/元/知/识/窗

自己通过查字典或请教老师，记录下单词的其他用法。比如，学习了名词success（成功），应该记下形容词successful、副词successfully和动词succeed。英语课中，老师有时候还会扩充一些内容，如学到be good at这个短语时，老师还会扩充到它的近义词组do well in和反义词be weak in，以及和它相关联的词组be good to, be good for。对于这样的扩充内容，有助于同学们理解所学课文的相关知识，同学们应该记下来，扩大自己的知识面。

### 把握做笔记的时机

做笔记的前提，就是不能影响听讲和思考，这就要求同学们在做笔记时要把握时机。做笔记的时机有三个：一是老师在黑板上写字时，要抓紧时间抢记；二是老师讲授重点内容时，要挤时间速记、简记；三是下课后，要尽快抽时间去补记。

# 57 康奈尔笔记法

学习必须勤于动笔，多做笔记，这样做不仅有利于积累有用的资料，提高文字表达能力，也有利于训练思维的逻辑性、条理性。因此，我们每个人都应该学会做笔记的方法，养成做笔记的习惯，这定会让我们受益终生。

如果平时学习太忙，没有时间记那么多笔记，我们可以灵活运用一些方便、快捷的笔记法。这里为大家介绍一种方便灵活的图表式笔记法——"康奈尔笔记法"。这种笔记方式是美国康奈尔大学的研究者总结出的一种有效的记笔记方法，它简明扼要、脉络清晰，能够使我们在很短的时间里就掌握老师所讲的知识，在比较中加深对知识的系统理解。

"康奈尔笔记法"不仅方便上课记录，便于下课整理、记忆和复习，而且它几乎适用于一切学科的课堂笔记。

这种笔记主要分为主栏、回议栏和思考栏这三部分，如图：

| 课程名称： | 主栏： |
| 章节： | |
| 老师： | |
| 听课时间： | |
| 回忆栏： | |
| | |
| 思考栏： | |
| | |

**具体的记录方法是：**

1．记录。将听课内容记在主栏里。

2．简化。下课后用摘要的形式将主栏笔记概括成简洁的要点，写在回忆栏里。

3．背诵。把主栏遮住，只看回忆栏的要点，用自己理解的语言复述上课内容，然后敞开主栏，对照检查。

4．思考。在思考栏中，记下自己的学习心得和体会。

5．复习。每周花10分钟左右的时间快速复习笔记，主要看回忆栏，适当看主栏。

另外，这种图表式笔记需要选用比较大的活页纸，以便有足够的空间来记笔记、写例子、画图解。每张活页纸只能写一面，为的也是方便整理、装订、修改、增删和不断插入讲义、作业等。

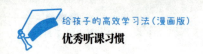

# 58 简洁灵活的笔记法

  课堂上只有45分钟的时间，老师讲的内容又很多，要想将这些内容全部记录下来，肯定是不可能的。而且，如果因为苦于记笔记而耽误了听讲，那真是捡了芝麻丢了西瓜，得不偿失。那么，笔记到底应该记哪些内容呢？

  首先，最需要记的内容就是课本上没有的、老师添加的内容。这是老师为了帮助大家记忆，或是为了丰富大家的知识、提升大家的思维、教给大家一个人生的道理等，而精心选摘的内容，一定要记下来。

  其次，尽可能详记自己不懂的、对老师的讲解有疑问的内容。这些问题先记下来，留待课后思考。

  另外，记笔记时还应注意以下问题：

## 1. 提高书写速度

  书写速度太慢，势必跟不上老师讲课的进度，也会影响笔记的质量。所以你要学会一些提高笔记记录速度的方法。笔记通常只给自己看，因而可以用符号来代替某些汉字，比如，"+"代表"和"，"e.g."表示"例如"，"？"表示"疑问"，等等。

## 2. 直接记在课本上 ★★★

如果不用笔记本，你完全可以把老师讲的内容在课本上画一画、写一写，这样做不仅方便，也可以省下不少时间（因为很多内容是可以在书中找到的）。由于翻阅课本的频率比较高，因此，你在阅读课文的同时也就同步复习了笔记。

## 3. 以老师的板书为重点 ★★★

黑板是老师的"责任田"，而板书则是老师的一份"微型教案"，它能简洁明了地勾画出本节内容的结构体系和知识要点，是你进行课堂学习的路标。简单地记一记老师的板书，可以让你明确听课的重点，提高听课和记忆效率。

**要用笔记本**

有的同学记笔记喜欢今天记在这张纸上，明天记在另一张纸上，今天记在课本上，后天又记在笔记本上，这是非常不好的习惯。每个学期的每门课程都应该专门准备一个笔记本。如果今天忘记带笔记本，那么可以临时记在纸上，但是一定要在课后及时抄写到专用的笔记本上。

小/状/元/这/样/学

# 59 读到哪儿，记到哪儿

我们在读书或读报的时候，经常会看到一些优美、精辟、富有哲理的内容，这时候，我们应该把它们抄下来。这种方法看起来比较费事，其实是一种积累知识的好办法。因为摘抄不仅可以加深理解，还可以成为我们丰富的"作文素材库"，写作文感到无话可写时，就可以翻一翻自己的"素材库"了。

摘抄的内容没有任何限制，只要是自己需要或感兴趣的就可以，比如，可以记下好词好句，也可以摘抄名言警句、格言，还可以摘抄与自己学习有关的资料、数据。

为了便于整理和阅读，摘抄的时候，要先在笔记本里进行分类，例如，像下面这样摘记：

## 1. 摘抄词语　★★★

天上的云，姿态万千，变化无常。

【注】姿态万千：姿态多种多样。万千，多种多样。

贺龙元帅一生戎马倥偬。

【注】戎马倥偬：形容军务匆忙紧张。戎马，军事。倥偬，匆忙紧张。

## 2. 摘抄名言

在科学上没有平坦的大道，只有不畏劳苦沿着陡峭山路攀登的人，才有希望达到光辉的顶点。

——（德国）马克思

我所学到的任何有价值的知识都是由自学中得来的。

——（英国）达尔文

书籍是全世界的营养品，生活里没有书籍就好像没有阳光，智慧里没有书籍就好像鸟儿没有翅膀。

——（英国）莎士比亚

## 3. 摘抄优美语句

曲曲折折的荷塘上面，弥望的是田田的叶子。叶子出水很高，像亭亭的舞女的裙。层层的叶子中间，零星地点缀着些白花，有袅娜地开着的，有羞涩地打着朵儿的；正如

**分类整理错题**

在重做错题时，我们可以按照记笔记的方式，将错题分类整理，把自己出错的原因也写出来。比如：1. 题目简单，但由于粗心计算错的。2. 难度较大，审题出错的。3. 课本知识没掌握，根本不会做。根据不同的出错原因，再去思考不同的解决办法。

小/状/元/知/识/窗

一粒粒的明珠，又如碧天里的星星，又如刚出浴的美人。微风过处，送来缕缕清香，仿佛远处高楼上渺茫的歌声似的。这时候叶子与花也有一丝的颤动，像闪电般，霎时传过荷塘的那边去了。叶子本是肩并肩密密地挨着，这便宛然有了一道凝碧的波痕。叶子底下是脉脉的流水，遮住了，不能见一些颜色；而叶子却更见风致了。

——朱自清《荷塘月色》

小/状/元/这/样/学

### 记下让你感兴趣的想法和观点

意大利文艺复兴时期的大画家达·芬奇，习惯在自己随身带的一个小本子上记录一些数字、图形、文字，甚至自己不可思议的想象。这些都是他伟大梦想的一个个细节。然而，就是这些细节构成了他的伟大成就。

爱迪生老年时曾有人问他，何以有这么多的发明。他没有马上回答，而是随手从衣袋里掏出一个笔记本，上面记着匆匆写下的不完整的句子和许多奇妙的设计图。爱迪生说，隔一个星期他要换一个笔记本，把受到的启迪和产生的想象、联想记下来。他就这样记录了一生，创造了一生。

# 60 整理过的笔记
才是好笔记

刘莎莎老师在自己的社交账号上写道："课堂上勤于做笔记是一种非常好的学习方式，但是，有时候大家并不能完全跟上老师的节奏，所以笔记会记得比较混乱，出现漏记、错记的现象也就很正常了。这时，为了让笔记更好地服务于我们的学习，我们要利用闲暇时间整理笔记内容。"

钟伟民同学也认为："整理是做好笔记的一个重要环节，这样做的学习效果比多看几遍书要好得多。因为教科书厚，复习时很难抓住重点，而根据自己掌握知识的实际情况整理出来的笔记，就突出了内容的重点、难点。"

那么该怎样整理笔记呢？刘莎莎老师为大家介绍了"补、改、编、舍"四步整理法。

1. 补，就是修补。补上上课时自己没来得及详细记录的内容。比如，课上用"……"代替的内容，就要及时地补全。

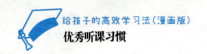

2. 改，就是修改。在笔记的整理工作中，一定不要忘记对错字、错句及其他不够确切的地方进行修改。

3. 编，就是编序号。要使笔记看上去有条理，就需要用统一的序号，梳理好笔记的层级顺序。如"一、二、三"，"1、2、3"，"A、B、C"，等等。

4. 舍，就是舍弃。整理笔记时还需要删掉那些无关紧要的内容，留下重点的内容，使笔记看起来一目了然。

其实，学习的过程就是一个不断整理的过程。只有通过不断的整理，我们才能取其精华，去其糟粕，查漏补缺，不断提高，把知识学到手，变成我们自己的宝藏。

小/状/元/这/样/学

### 笔记不是"录像带"

为了不使笔记成为"录像带"，我们必须把在课堂上听到的、看到的，通过大脑思考，进行初步的分拣：哪些该记，哪些不该记；哪些听懂了，哪些还没有听懂，或者似懂非懂。这些都要在笔记本上打上记号。这样既有利于提高听课质量，又有利于课后的复习。